ТЕЛЕСНОЕ ИСЦЕЛЕНИЕ

ИСПОЛЬЗОВАНИЕ СВОЕГО ТЕЛА ДЛЯ ИСЦЕЛЕНИЯ, ЛЮБВИ И РАСШИРЕНИЯ ВОЗМОЖНОСТЕЙ СЕБЯ

DR. LISA COONEY

PART I

"Быть может, моя мечта слишком велика, но, черт возьми, зачем же жить иначе? Каждый должен стремиться к тому, чтобы жить не так, как живут все остальные".

Энн Маккивитт

Как всегда говорил мой отец:

"Мечтай по-крупному или не мечтай вовсе!

СЛОВА ПОСВЯЩЕНИЯ

Я написала эту книгу, чтобы обратить к вашему телу. К тому бескорыстному естеству, которое сопровождает нас до самого последнего вздоха. Подумайте о тех телах, которые мы игнорируем, а также о тех, кого мы забываем. Я хочу, чтобы мои слова достучались до вашего сердца, чтобы вы могли восстановить единство со своим телом, вновь обретая бесценные дары, о которых вы просто забыли.

ДОБРЫЕ СЛОВА В АДРЕС ДОКТОРА ЛИЗЫ КУНЕЙ

Я хочу начать с того, что доктор Лиза полностью изменила мой подход к восприятию эмоций и переживаний с учетом жизненных обстоятельств. Кроме того, она появилась в моей жизни в переломный момент, и наша работа оказала положительное влияние на мой брак, мою семью и мое материнство. Я всегда стремилась к самосовершенствованию, а в ее работе прекрасно сочетаются научные и духовные аспекты. Я всегда советовала и буду советовать ее своим бесчисленным родственникам и друзьям, которым она помогла на самых разных этапах жизни.

КЭРОЛАЙН ДЖОНС, ПЕВИЦА, АВТОР ПЕСЕН И МУЗЫКАНТ

Прежде всего, нельзя не отметить, что доктор Лиза обладает невероятным даром. Только она может понять, в каком эмоциональном и энергетическом состоянии вы оказались в данный момент. После нашей первой встречи мой мир просто перевернулся. Знакомство с доктором Лизой стало частью процесса перестройки и продвижения к лучшей версии меня. Именно она помогла мне найти инструменты для решения всех моих проблем, которые укоренились в моей жизни, не давая мне двигаться вперед.

Я стараюсь обрести новые инструменты, чтобы перейти на качественно иной уровень жизни. А доктор Лиза четко знает, что именно нужно сделать, чтобы добиться поставленной цели. Я бескрайне благодарен ей за то, что она стала моим главным союзником как в реальном мире, так и во вселенной, которая лежит за пределами человеческого разума.

ЗАК БРАУН, ОСНОВАТЕЛЬ И ГЕНЕРАЛЬНЫЙ ДИРЕКТОР "ZAC BROWN BAND"

После самого первого сеанса с доктором Лизой Куней я обратила внимание, что, впервые за долгое время вновь оказалась в своем теле. Я очень надеюсь, что данная книга поможет еще большему числу людей, которые, возможно, чувствуют себя оторванными от мира. У вас появился уникальный шанс снова обрести себя!

ГВИНЕТ ПЭЛТРОУ, ОСНОВАТЕЛЬ И ГЕНЕРАЛЬНЫЙ ДИРЕКТОР "GOOP"

ПРЕДИСЛОВИЕ

Я хорошо помню тот день, когда я впервые прочитала о докторе Лизе Куней в журнале "GOOP". Я узнала, что Гвинет Пэлтроу прошла курс лечения у доктора Куней по рекомендации своей подруги. Честно говоря, я была настроен скептически, просто не понимая, как вообще такие вещи могут работать без личного контакта. Хочу отметить, что у меня не было каких-то суперглубоких фундаментальных убеждений по этому поводу, но я считала, что только в ходе личного общения человек может найти решение подобных вопросов. Гвинет согласилась на все это со свойственным ей скептицизмом. В кратчайшие сроки она смогла пережить потрясающую трансформацию, которая изменила ее жизнь раз и навсегда. В течение нескольких недель я думала о том, чем она поделилась со мной.

В то же самое время у моей собаки обнаружили рак легких, поэтому ей оставалось жить от одного до трех месяцев. Мы были неразлучны с того самого момента, когда ей исполнилось восемь недель, а я всегда шутила, что она была моей собачьей версией, став дочерью, которой у меня никогда не было. Врачи считали, что химиотерапия не поможет, учитывая степень поражения организма, но предложили попробовать хоть немного изменить ситуацию. Прислушавшись к своему сердцу, я обратилась к доктору Куней с просьбой помочь мне справиться с моим горем. Во время нашей беседы она попросила меня и мужа посидеть с нашей собакой. Она посмотрела на нас, и я никогда не забуду ее слова: "Ты ведь еще не готова уйти, не правда ли?" Мы продолжили сеанс из которого я практически ничего не запомнила. Я помню лишь чудесный напевающий голос доктора Лизы и невероятный объем информации. Прошло уже два года, но моя собака радует меня своим крепким здоровьем каждый день. Врачи не могут объяснить, каким образом ее рак практически оставил ее организм в покое. Лучшие врачи говорят, что никогда не видели ничего подобного за всю историю своей работы.

Совсем недавно моя мама сильно заболела и оказалась на искусственной вентиляции легких в отделении интенсивной терапии. Врачи готовили нас к худшему, так как ее состояние быстро ухудшалось. Мне показалось, что я никогда больше не поговорю со своей мамой, поэтому еще раз обратилась к доктору Куней. Доктор Лиза рассказала мне о том, как собраться и прийти в себя в больнице, помогая мне исцелиться, и находясь за тысячи километров от меня. На следующий день болезнь моей матери перестала прогрессировать, а ее состояние начало улучшаться. На следующей неделе я собираюсь навестить свою маму, чтобы отпраздновать ее день рождения. Вчера вечером мы разговаривали по телефону, и она смеялась, слушая истории про моих детей.

В обоих случаях врачи были поражены чудесным выздоровлением моих близких. Я скептически отношусь к вещам, которые не поддаются логическому объяснению, а также к идеям и подходам, которые я не до конца понимаю. Но как человек, живущий в нашей прекрасной необъятной вселенной, я всем сердцем верю, что некоторые вещи в жизни просто невозможно объяснить, потому что мы не можем понимать все. Может быть это просто совпадения? Я никогда не узнаю. Я не смогу познать способности и умения доктора Куней до самого конца, но я с трепетом отношусь к тому, как быстро и как сильно она смогла изменить мою жизнь. Большое вам спасибо!"

Лора Лейн, писательница и журналистка

ПУТЬ В МИР ВОЗМОЖНОСТЕЙ

"Находясь в поисках истины, вы должны понять, что ее нельзя найти нигде, кроме как в вашем теле".

ЭКХАРТ ТОЛЛЕ

Мне было очень плохо, даже дурно. Я подошла к своему компьютеру, закрыла глаза и сказала: "Мое любимое тело, поговори со мной". После этого, я практически ничего не помню. Вдруг, я открыла глаза, а слезы текли по моим щекам. Прямо передо мной на мониторе было написано: "Ты убиваешь меня".

В тот день правила игры, *моей* игры, изменились раз и навсегда. Этот момент стал началом новых отношений с моим телом, которые не только физически изменили мое тело, но и изменили мою жизнь, сделав ее качественно новой и иной. Не могу сказать, что это было очень легко. Работа на собой никогда не дается просто так. Самым сложным оказалось изменить свои отношения со всем *остальным* в моей жизни.

Я начала свою работу над собой с того, что решила выяснить, *что именно* меня "убивает" и почему. Я начала использовать все доступные мне инструменты и методики, а также совершенно новые знания, которые я приобрела за время построения карьеры. Я с удивлением обнаружила, что обладаю уникальным даром глубоко преобразовывать жизненные процессы. Именно поэтому я создала целый набор инструментов для созидания и изменения жизни, которые получили название "ROAR METHOD®". Мир радикально-оргазмической ясности жизни — это умение выбирать возможности, а не проблемы, решая по одной проблеме за раз.

Только потому, что я активно работала над собой, моя сегодняшняя жизнь стала совершенно иной, чем я когда-либо думала. Я не могла и предположить, что все обернется именно так. Мой эмоциональный груз, который замаскировался под мой излишний физический вес, то есть лишние пятьдесят фунтов, просто покинул меня, когда я приняла решение меняться. Мы живем в мире, где принято менять одну диету на другую, поэтому для меня стало открытием, что избавление от ограничений и неуверенности в себе часто позволяет гораздо быстрее привести тело в порядок и сделать ваши мечты реальностью. По мере того, как менялось мое тело, менялась и *Я* сама. Мои вечные проблемы начали исчезать и просто разрешаться сами собой.

Каждый раз, когда вы рассматриваете свои проблемы с точки зрения телесной мудрости, вы открываете совершенно новый мир общения и получаете новые пути продвижения к вашим целям. Данная идея легла в основу этой книги, ведь, обретая связь с самими собой через ваше тело, вы можете достичь своей высшей цели и качественно иной жизни.

Главная цель этой книги заключается помочь вам открыть для себя преимущества установления контакта с вашим телом и умения прислушиваться к нему, а также умения выбирать ради вашего тела, позволяя своему разуму проводить совместные исследования с ним. Направив ваши изменения изнутри наружу, вы сможете изменить мир, который вас окружает, чтобы он точно соответствовал вашим желаниям. Чем больше вы будете погружаться в этот мир, тем скорее вы поймете, что именно нехватка осознанности приводит к физиологическим *расстройствам* и *дисгармонии* в вашем теле и в вашей жизни в целом. Проживая такую жизнь, вы не можете понять того, что истинная цель вашего тела как организма заключается в том, чтобы направлять энергетические изменения не только на вас, но и на других людей. Просто поймите, что то, что вы говорите своему телу, передается во внешний мир. Это правило невозможно оспорить, но дело не только в этом. Я хочу сделать так, чтобы поговорить о теле с иной точки зрения, чтобы вы могли узнать о его потенциале в качестве вашего личного целителя и эмпата.

Работая с клиентами по всему миру, я поняла, что реальное понимание моего тела оказывает на людей глубокое воздействие. Ваше тело может сделать то, что никогда не сделают даже сотни слов. Дома или в школе нам не говорят о том, что в нашей жизни существует универсальное сознание, к которому мы можем получить доступ и которое позволяет нам использовать наше тело для перестроения нашего бытия. *Присутствие в вашем теле* — это и есть состояние единения с самими собой. Только в таком состоянии наши тела способны на гораздо большее, чем мы думаем.

УДИВИТЕЛЬНАЯ СУТЬ ВАШЕЙ ДУХОВНОСТИ

"Понимание сути своей души — это путь к целостности, любви и радости как в себе, так и в отношениях с другими людьми.

Псарис и Лионс

Хочу начать с того, что моя бабушка оказалась воплощением безусловной любви и единственной благодатью в моем детстве. Она была совсем небольшого роста, сочетая в себе черты истинной католички, итальянки и настоящего энергетического центра. В своей жизни она пережила много трудности и боли. Оказавшись самой младшей из тринадцати детей, она не получила никакого образования, кроме начальной школы. Ее отец оказался чрезвычайно жестоким человеком и в конце концов убил ее мать. Она называла его гестаповцем. Несмотря на свою сложную историю, она давала этому миру много и даже больше. Оглядываясь назад, я понимаю, что она научила меня тому, что, через что бы человек ни прошел, он все равно может быть стать воплощением и примером безусловной любви. Она стала моим величайшим учителем.

В детстве я подвергалась сексуальному, эмоциональному и физическому насилию, а она оказалась единственным человеком, с которым я чувствовала себя комфортно при физическом контакте. Когда она умерла, то оставила мне бесценное наследие. Моя бабушка повлияла на мое решение изменить свою жизнь. Она помогла мне понять, что нужно выбирать доброту, делая все возможное, чтобы изменить наш мир раз и навсегда. Возможно, в этой доброте присутствует моя сила или твердость, но я строю свою работу на безусловной любви, которой она меня научила. *Следуй за своим сердцем*. Именно эта мысль привела меня к моему телу.

Моя бабушка научила меня еще одной вещи, которая выходила за рамки безусловной любви. Она рассказала мне о моей душе. Мы отправились на службу в местную церковь. Я очень любила проводить время с моей бабуш-кой. Она знала и произносила каждое слово молитвы вслух, и в тот день я услышала, как она сказала: "И я и моя душа будут исцелены". Я замерла, мое сердце бешено заколотилось, и в этот момент я поняла, что моя работа будет как-то связана с душой. Я почувствовала это каждой клеточкой своего тела. Это случилось потому, что мое тело заговорило со мной!

ОТПЕЧАТОК ВАШЕЙ ДУШИ

Отпечаток вашей души — это истинная суть вашей духовности. По сути, это форма и содержание вашей души, а также ее характер. Отпечаток уникален, словно ваша рукотворная подпись, которая таит в себе ваше имя или фамилию. Отпечаток вашей души более уникален, чем ваши гены и хромосомы.

— М. ГАФНИ

У каждого человека есть свой отпечаток души. По сути, это божественный дух, который всегда зовет вас на качественно иной уровень вашей жизни. Не имеет значения, насколько далеко вы ушли с вашего божественного пути, а также насколько больными или оторванными от мира вы оказались. Отпечаток вашей души всегда будет звать вас обратно, и для этого он использует ваше тело. Несмотря на то, что жестокое обращение и насилие в раннем возрасте заставили меня замкнуться в себе и отказаться от жизни, чтобы защитить себя, во мне всегда скрывалась моя истинная суть и моя вторая половина. В разные периоды моего путешествия к исцелению она проявлялась, как бы напоминая мне, что терпеливо ожидает моей осознанности и восстановления связи с самой собой.

Кроме того, очень многие из тех, с кем я работаю, а также те, кто смогли преодолеть историю насилия и жестокого обращения, часто признают, что они всегда осознавали какую-то часть себя, которая не была выражена. То есть, они знали о том, что в них скрывается нечто верное и истинное. На сегодняшний день я строю свою жизнь именно с позиции правильной и истинной версии себя. Возможно, вы уже испытывали нечто подобное. Вы переживали моменты осознания, когда вы видите все таким, каким оно является на самом деле? В такой ситуации вы смогли оказаться за пределами вашей текущей реальности.

Теперь вы должны понять, что такое ощущение — это и есть отпечаток вашей души, который уникален для каждого человека. Отпечаток вашей души подобен вашей подписи. Получается, что ваша задача, то есть *единственная* задача заключается в том, чтобы позволить ему оставить свой след. Вы сможете сделать это, выходя за рамки вашего ограниченного представления о себе, что позволит оставить след вашей души в этом бескрайнем мире. Как только вы позволите, ваше тело поможет вам сделать это.

ПСИХОЛОГИЯ ДУШИ

"Важно понять, что в психотерапии нет ничего, что бы начиналось в работы над базовой структурой человеческой души, о которой нельзя забывать..."
РЭЙМОНД ЧАРЛЬЗ БАРКЕР

Будучи профессионалом своего дела, я четко знаю, что традиционная психология не располагает инструментами, позволяющими людям обрести ту духовную самость, которую они так хотят получить. Так случилось в моем случае. Каждый из нас хочет обрести ощущение целостности, будь то в одиночестве или с другим человеком. Но что же значит это столь неуловимое чувство? Вы можете описать его совершенно по-разному: энергия, связь, теплота, открытость, расширение и жизненная сила. Я называю его *радикальной ясностью жизни.*

Когда вы теряете связь со своей истинной сущностью и становитесь рабом жестких правил, моделей поведения и менталитета, вы страдаете. По сути, вы уходите во тьму, покидая место, к которому вы принадлежите на самом деле. К большому счастью, выбирая изменение личности и преображение, вы можете освободиться от жестких и ограничивающих аспектов вашего воспитания и моделей, заложенных в раннем возрасте. Вы должны понять, что каждый момент, событие, образ и происшествие в вашей жизни являются источником жизненно важной психологической и духовной информации, и эта информация доступна вам, потому что она хранится в вашем теле. Как только вы научитесь осознавать эту часть вашей души, она даст вам точные указания, необходимые для эволюции вашей души и для того, чтобы жить по-настоящему полной жизнью.

РАДИКАЛЬНАЯ ЯСНОСТЬ ЖИЗНИ

Мне кажется, что каждый из нас стремится к тому, чтобы чувствовать себя живыми, чтобы наши жизненные переживания на чисто физическом плане находили отклик в нашем физическом теле и реальности, чтобы мы действительно могли ощутить восторг от того, что мы живем и наслаждаемся жизнью.

ДЖОЗЕФ КЭМПБЕЛЛ

Прежде всего, поймите, что радикальная ясность жизни заложена в каждом из нас. На протяжении многих лет я разрабатывала и создавала с нуля методики и инструменты, которые помогают людям узнать, что такое радикальная ясность жизни. Я назвала свою методику "Living your ROAR®", то есть умение наслаждаться радикально-оргазмической ясностью жизни. Тем не менее, на этом непростом пути вам придется избавиться от лишнего груза. Если вы похожи на меня, то этот груз может быть вполне реальным и воплощать себя в лишнем весе, но в целом речь идет о вашем ментальном и эмоциональном багаже. Каждого из вас ждет воссоединение со своей душой через врожденную мудрость вашего тела.

Как можно добиться этого? Прежде всего вы должны найти и пробудить внутри себя целительную силу. Сделайте так, чтобы божественная музыка жизни звучала через вас, а ваше эго должно отойти на второй план. Все навязчивые идеи и убеждения, которые вы накапливали с момента вашего зачатия, должны исчезнуть, чтобы ваша энергия стала единым целым с вашим высшим сознанием.

Вам кажется, что это недостижимая цель? Все потому, что на самом деле это вовсе и не цель. За время своей работы мне удалось понять, что данный *процесс* сводится к простой идее о том, чтобы полюбить *себя* изнутри и стать другом самому себе, чтобы вы могли воплотить в жизнь то, о чем действительно мечтаете. Познав вашу истинную суть и избавившись от вашего эго, вы сможете обрести стремление к выживанию, чтобы научиться преодолевать все жизненные трудности, которые встреча-ются на вашем пути.

СЕКРЕТ ТАИТСЯ В РАЗУМЕ ВАШЕГО ТЕЛА

Примите тот факт, что до того момента, пока мы не меняемся внутри, на уровне наших мыслей, убеждений, стереотипов поведения и эмоций, мы просто не сможем достичь полной трансформации в более глубоком смысле. Для того чтобы обрести крепкое здоровье и сохранить его нам нужно заниматься спортом и правильно питаться. Кроме того, нам также необходимо поработать над собой "за пределами физического тела", то есть наши ограничивающие убеждения, которые касаются нашего тела и жизни. Мы должны изменить свое мышление и залечить эмоциональные раны.

БИЛЛ ФИЛЛИПС

Как и в случае со мной, когда мое тело решило пообщаться со мной в день встречи с моей бабушкой, ваше тело однажды начнет говорить с вами. Оно расскажет вам о вещах, которые вы в данный момент и представить себе не можете, о том, как исцелять, как любить, как жить, как *существовать*, ведь ваше тело неразрывно связано с разумом Вселенной. Давайте зададим себе такой вопрос. Как получилось так, что вы настолько сбились с пути, что ваша жизнь стало невероятно сложной и просто невыносимой? Второй вопрос заключается в том, что вы можете сделать, чтобы изменить эту ситуацию, чтобы научиться слушать, любить и поддерживать ваше тело?

Ответы на эти вопросы и усердная работа с этой информацией окажут глубокое влияние на вашу жизнь, буквально преобразив все ваши отношения, включая ваши отношения с деньгами и работой, со здоровьем и благополучием, с любимыми и врагами, а также с самими собой и окружающим миром. Какие бы трудности и проблемы у вас ни возникли, я обещаю вам, что вам понравится процесс их преодоления. Быть может, вы, как и я, обнаружите, что все эти проблемы — это знак с выше, а также часть вашего пути к целостности.

Задайте себе следующие вопросы:

В чем заключается суть всех ваших текущих проблем?

Спросите свое тело о том, что вам нужно сделать, чтобы изменить все это прямо сейчас?

Какой следующий шаг или действие нужно предпринять?

А теперь, потренируйтесь, задавая себе такой вопрос: "Я не знаю как..., я просто знаю, что так будет. Большое вам спасибо!" У меня получилось!"

Например:

1. "Я не знаю как задать вопрос своему телу и услышать его ответ.
2. Я просто знаю, что так и будет.
3. Большое вам спасибо!" У меня получилось!"

ЧТО УДЕРЖИВАЕТ ВАС НА МЕСТЕ

Какая история у вашего тела?

Когда вы его создали?

Вы довольны этой историей?

Требует ли она окончания или нового начала?

Вам нужна новая глава?

Вам нужна совершенно новая книга или образ?

Что мешает вам создать жизнь, о которой вы так мечтаете? Что удерживает вас в тупике? В каком-то смысле вы сами. Именно вы блокируете ваши истинные таланты, дары, потребности и желания, даже не осознавая этого. Мне удалось понять, что именно держит нас на одном месте. Я бы назвала это отказом от всего:

1. Отказ выбирать за тебя только потому, что вы можете выбрать себя.
2. Отказ исповедовать любовь к себе.

3. Отказ признать, что вы заслуживаете всего самого лучшего, а не какой-то малости или частички добра.

4. Отказ признать, что вы можете выбирать все, что захотите, и вам не нужно ждать разрешения, появления денег или чего-то еще.

5. Отказ выбирать то, чего вы хотите, идти к этому и активно создавать жизнь вашей мечты.

Люди всегда ищут волшебную таблетку: *Если я сделаю... Если у меня будет... тогда я смогу.* Но на самом деле это работает не так. Вы должны использовать такой подход: *Я хочу этого. Я желаю этого. Это сделает меня счастливее. Как мне создать то, чего я так хочу?*

Что мешает вам создавать и принимать именно те вещи, которые сделали бы вас счастливыми? И зачем тебе вообще отказываться от того, чего вы действительно хотите? На сознательном уровне вы не стали бы так поступать. А как же ваше бессознательное? Конечно же, все обстоит именно так.

ПИСЬМЕННОЕ УПРАЖНЕНИЕ

1. Прямо сейчас запишите 10 вещей:

2. Которые вы хотите

3. Которые вы желаете

4. Которые сделают вас счастливыми

5. Вы готовы на все, чтобы реализовать то, о чем
   написали выше

ОТВЛЕКАЮЩИЕ ФАКТОРЫ, БАРЬЕРЫ И ПРЕГРАДЫ НА ПУТИ К РЕАЛИЗАЦИИ ВАШИХ СПОСОБНОСТЕЙ И ТВОРЧЕСТВА

Стоит начать с того, что единственное, что всегда мешает нам жить, делать и иметь то, чего мы желаем, — это наши бессознательные убеждения. По сути, это ключевые принципы или базовые убеждения, которые по большей части были сформированы в детстве родителями, родственниками или культурой в целом, а также в результате взаимодействия с окружающим миром, которые стали нормой вашей жизни. В какое-то время они имели для вас смысл. Они рассказали и показали вам, как устроен мир. Они оберегали вас. Они показали нам, кто мы есть, или сделали нас кем-то другим. По сути, это были правила игры, которые позволяли нам функционировать или справляться с ситуацией в той среде, в которой мы оказались. Тем не менее, даже сегодня они живут в самых потаенных уголках нашего подсознания, пронизывая каждый аспект нашего бытия и нашей жизни, и остаются невидимыми для нас, за исключением результатов, которые они приносят.

Люди, которые приходят ко мне в центр или на мои семинары, часто оказываются в тупике, не понимая, почему их жизнь складывается не так, как они себе представляли. Почему они не способны создать радостные отношения, привлекательную и продуктивную карьеру или финансовое изобилие? Почему они не могут быть счастливы? Все потому, что их подсознательные убеждения управляют ими из-за кулис, несмотря на свою устарелость и отсталость. К сожалению, они не исчезают просто потому, что больше не приносят пользы.

Именно поэтому, каждый раз, когда мы изо всех сил пытаемся что-то изменить, мы сталкиваемся с нашими скрытыми убеждениями, которые можно увидеть только в нашем поведении, эмоциях и действиях, а также в ситуациях или условиях, которые имеют место в нашей жизни. Люди страдают, они не могут творить, а также занимаются тем, что им в целом не нужно. Такие убеждения формируют ваши ограничения, о которых вы даже не подозреваете. Действуя словно зыбучие пески, они затягивают вас на дно и удерживают там.

Я поняла, что многие из основных убеждений, с которыми борются люди, универсальны по своей природе. По своей сути они строятся на бескрайней ненависти к себе.

НЕНАВИСТЬ К СЕБЕ

Единственный грех — это ненависть к себе.
ПОЛ УИЛЬЯМС из "DAS ENERGI"

. . .

Ненависть к себе действительно многолика: *"Я ужасный человек. Я ошибаюсь. Меня нельзя любить. Я не такая и важная персона. Я не имею значения"*. К тому же она проявляется множеством способов и действует как предательство самих себя. В то же самое время, мы не понимает, что это предательство самих себя. Она всегда выглядит как что-то другое:

1. Прокрастинация
2. Сравнение себя с другими
3. Гнев
4. Виктимизация
5. Обвинение и перенос
6. Жалобы и критика
7. Самооправдания
8. Страх
9. Беспокойство и тревожность

Ненависть к себе влияет на то, что я называю тремя столпами: здоровье, финансы и взаимоотношения. По сути, это именно те области, в которых большинство людей в тот или иной момент нуждаются в помощи, а также три главные причины, по которым большинство клиентов приходят на терапию. К тому времени, когда они приезжают ко мне, их проблемы обычно достигают своего пика: слабое здоровье, непомерные долги, которые усиливают стресс и тревогу, а также токсичные отношения. По сути, все это - формы насилия над собой.

К огромному сожалению, люди часто не осознают более ранних симптомов таких бессознательных убеждений, подобных тем, о которых я рассказала, отчасти потому, что они настолько распространены и приняты в нашем обществе.

ОСУЖДЕНИЕ

Стоит начать с того, что в основе ненависти к самому себе лежит "осуждение", то есть суждение о том, что является плохим или хорошим. Когда вы судите о чем-либо, по сути, вы оперируете фиксированной точкой зрения, а любая фиксированная точка зрения управляет вами. Такая точка зрения просто сужает вашу перспективу, поэтому, всякий раз, когда вы теряете такую перспективу, вы теряете контроль над собой. Вы поступаете не так, как вам хотелось бы на самом деле, а потом чувствуете себя виноватыми из-за этого, что приводит только к еще большему осуждению.

Если вы внимательно присмотритесь к природе осуждения, то увидите, что оно представляет собой сочетание прошлого и людей, которые жили в этом прошлом. Понимая, что осуждение и идеи, которые возникают в вашей голове, на самом деле исходят не от вас, может принести вам облегчение. Такие мысли передавались из поколения в поколение с незапамятных времен. По сути, они вам не принадлежат. И все же, чем больше вы позволяете осуждению подпитывать вас и держать взаперти в этой реальности, словно зверя в клетке, тем больше вы подпитываете болезнь осуждения в вашем теле, в вашем разуме и в этом мире.

Когда человек что-то говорит вам, вы, осознанно или не осознанно, формируете одно из таких бессознательных убеждений о себе. Каждый раз, когда что-то выглядит, пахнет или имеет схожий вкус, ваше подсознательное убеждение поднимается внутри вас и говорит: "О, вот мы и встретились вновь!" По сути, вы создаете очередной прут в вашей клетке. Получается, что всю свою жизнь вы защищаетесь от того, чтобы наслаждаться той чудесной и волшебной энергией, которая скрывается внутри вас. Вам кажется, что с вами что-то не так. Кроме того, такое понимание приходит за доли секунды, за пределами вашего осознания. Вы можете понять это в тот момент, когда, занимаясь духовной работой и исцелением, вы подолгу не можете установить связь со своим истинным "я" именно из-за таких убеждений.

Выходя за рамки мира осуждения, вы должны отказаться от осуждения себя и других, ведь все, что вы осуждаете в других, является отражением того, что вы осуждаете в себе.

НЕЗРИМАЯ КЛЕТКА

В немецком философском словаре можно найти такие термины, как eigentlich *(истинный, действительный) и* uneigentlich, *то есть полная противоположность той жизни, которую вы должны жить. Сегодня в нашем мире многие люди выбирают быть "uneigentlich". Самое трудное заключается в том, чтобы выйти из клеток, в которые они себя заточили.*

НИНАДЖОРДЖ

Давайте начнем с того, что клетка — это полезная и точная метафора для описания невидимой структуры, в которой люди живут, заточая себя в ограниченной реальности. Однажды мне повезло работать с одним очень могущественным целителем, который сказал: "Боже! Мне кажется, что у вас стальные бедра, а кости отлиты из чугуна". То есть, это и есть незримая клетка, которая хранит в себе усвоенные идеи и убеждения о себе и жизни, которые со временем укрепляются, превращаясь в невидимые прутья, удерживающие вас в рамках вашей жесткой точки зрения. Клетка привязывает вас к определенной реальности, заставляя думать таким образом: "Вот и все. У меня есть только то, что есть". Вы можете воспринимать свою жизнь как бесконечный процесс созидания и создания возможностей, понимая собственную уникальность и печать вашей души.

ЧЕТЫРЕ СТОЛПА: ОТРИЦАНИЕ, ОБОРОНА, ОТКЛЮЧЕНИЕ И ОТСОЕДИНЕНИЕ

Я с удивлением обнаружила, что именно эти четыре столпа люди используют в качестве стратегии для преодоления трудностей. То есть, это стратегии, которые большинство людей используют, чтобы примириться со своей реальностью, но которые, по сути, удерживают клетку на месте, лишая вас возможности жить. А теперь, давайте рассмотрим каждый из них.

Отрицание подразумевает отказ признавать существование чего-либо.

Отрицание — это не всегда плохо. Как я говорю людям на своих семинарах, в вашей жизни может быть место отрицанию. Мы можем даже посмеяться. Ведь именно смех — это ценный ресурс в этой сложной работе, потому что мы говорим о сложных вещах. Давайте посмотрим правде в глаза. Когда вы переживаете травму или подвергаетесь жестокому обращению или насилию, определенный вид отрицания облегчает ваши переживания. Тем не менее, именно невыраженное отрицание приводит к формированию ваших бессознательных убеждений. Получается, что такие люди, став взрослыми, попадают в любую из перечисленных ниже ситуаций: несчастливые браки, ситуации, связанные с долгами, неудачный бизнес, множество болезней, ночные кошмары из-за нежелания справляться со своими травмами, при этом ничего не могут с ними поделать. Кроме того, невысказанное отрицание становится первым шагом в незримую клетку.

Представьте, что кто-то бросает вас. Вы чувствуете боль в своем сердце и в своем теле и немедленно говорите себе: "Хорошо, мне нужно быть сильной". Это и есть отрицание. То есть, вы начинаете тормозить себя.

Но на этом все не заканчивается. Вы делаете это снова и снова и создаете слой за слоем, которые я назвала "броней для тела". Во время моих мастер-классов по программе "Roar®" мы активно работаем, чтобы избавиться от такой брони. Представьте, что вы ведете машину и вдруг резко нажимаете на тормоза, потому что на дорогу выбежал олень. Сами того не осознавая, вы задерживаете дыхание. Олень убегает, а вы думаете: *"Ладно, с оленем все в порядке"*. Но вы не помните, что перестали дышать. И этот момент останется с вами навсегда, даже если все уже закончилось.

То же самое происходит и с вашими системами убеждений, на которые вы не обращаете внимания, потому что вы должны продолжать двигаться, невзирая на море проблем. Это и есть броня для вашего тела. Иногда, когда я прошу кого-нибудь подышать, у людей кружится голова. Им просто тяжело нормально дышать. Они могут даже начать задыхаться. Многие из нас не хотят дышать животом, потому что именно там находятся наши эмоции, а также грудью, потому что именно там находится наше разбитое сердце. Люди выбирают такой непростой способ жизни.

Важно понять, что любой из четырех элементов имеет двусторонний характер. На примере отрицания вы отрицаете величие своих дарований, талантов, умений и возможностей, потому что если вы отрицаете что-то, что происходит, разве вы не можете отрицать что-то в себе? Так где же проходит та важная грань? Именно так мы и начинаем создавать клетку. Чтобы добиться осознанность и начать процесс перемен, вы можете задать себе несколько вопросов:

1. *Что я отрицаю в данной ситуации?*
2. *Как именно я отрицаю это?*
3. *Что я люблю постоянно отрицать?*
4. *ОТРИЦАНИЕ - НЕПОНИМАНИЕ СОБСТВЕННОЙ ЛЖИ*
5. *Какой положительный опыт вы извлекаете из этого отрицания?*
6. *Запишите десять вещей, которые вы осознанно отрицаете*

7. *Запишите десять вещей, о которых вы не хотели бы знать, но которые вам известны*

Обратите внимание, что, когда вы начнете подвергать сомнению эти защитные механизмы, вы почувствуете дискомфорт. Вы будете заставлять себя называть вещи, о которых знали, но которые не хотели признавать. И это нормально. Просто доверьтесь процессу.

Оборона — это постоянное сопротивление.

Оборона — это способ защитить себя от вреда или опасности. По сути, это врожденный механизм. Опять же, оборона — это не всегда плохо. Подумайте о том, когда кто-то злится на вас. Ваша первая реакция - защищаться, не так ли? А теперь представьте, что во всем виноваты все остальные, а вы оказываетесь в ситуации, когда вам приходится защищаться от всего, постоянно думая о том, что на вас вот-вот нападут, вы оказываетесь в центре большой проблемы. Получается, что вы все время насторо-же, постоянно воюя с чем-то. Возможно, вы отстаи-ваете свою точку зрения, свои суждения о себе, принятое вами решение или что-то в вашей жизни. Быть может, вы защищаете ваших детей или родителей. Вы постоянно воздвигаете стены или барьеры перед кем-то или чем-то. Вы защищаетесь ментально, эмоционально, психически или физически. Каждый раз, когда вам кажется, что кто-то причиняет вам боль, например, потому что ваш парень расстался с вами в одиннадцать лет, и вы все еще переживаете это и переносите с собой в каждый момент расставания, вы защищаетесь от чувства той первоначальной боли, лишая себе возможности жить и наслаждаться жизнью.

Опасный характер обороны заключается в том, что, защищаясь таким образом, вы защищаете себя от всего хорошего. Вы просто не осознаете этого. В случае с четырьмя столпами очень сложно сказать: "Вот это хорошо, а это плохо. Сохраняйте хорошее. Держитесь подальше от плохого". Плохие и хорошие вещи перемешаны, а вы носите этот груз на своих плечах. Вот несколько вопросов, которые вы должны задать себе:

1. *Что я защищаю?*

2. *Кого я защищаю?*

3. *Как я защищаю себя от чего-то?*

4. *В чем ценность такой защиты?*

5. *Что мне нравится в защите? Мне нравится факт сражения? Конфликта? Адреналин?*

6. *Что я узнаю, когда защищаюсь?*

Когда вы отрицаете или обороняете себя от чего-либо, вы теряете собственную перспективу и точку зрения. Получается, что вы просто лишаете себя сил. Если вы постоянно чувствуете себя бессильными, то, скорее всего, причина кроется именно в этом, даже если вам кажется, что во всем виноваты сложившиеся обстоятельства. Но это не так. Ваша внешняя реальность — это всего лишь то незримое, что стучится в вашу клетку и спрашивает: "Вы готовы все это изменить? Вы готовы наконец-то обрести вашу силу? Вы предпочитаете страдать?"

Отключение помогает исчезнуть из ситуации и забыть о ней.

Каждый раз, когда происходит что-то, что вам не нравится, вы отключаетесь. Вы вытесняете вещи из своего сознания или дистанцируетесь от них, чтобы обеспечить безопасность или комфорт. Каким-то образом вы просто перестаете быть частью собственного опыта. Возможно, вы отключаетесь от боли или ощущений в своем теле, от других людей, от воспоминаний, а также от вещей и людей, которых вы считаете причиной жестокого обращения и насилия. Вы можете отключиться даже от собственной сущности. Кроме того, вы отключаетесь от ваших мечтаний, целей или желаний.

Отключение звучит следующим образом: "Я не хочу иметь с этим дело." То есть, здесь нет обороны и отрицания. При обороне вы реагируете на кого-то или что-то. Вы сражаетесь. При отрицании, вы говорите: "Нет, этого не было".

Вопросы, которые вы должны задать себе:

1. Когда я отключаюсь, я получаю знания о...?
2. Что именно я не хочу признавать реальным?
3. Есть ли человек, которого я воспринимаю совсем не тем кем он является на самом деле?
4. Что я продолжаю откладывать и отодвигать в сторону, вместо того чтобы просто встретиться с проблемой лицом к лицу?
5. Что произойдет, если я решу отказаться от этого?

Отсоединение помогает вам отделиться или отстраниться от того, что вы испытываете в данный момент.

(Обратите внимание: несмотря на то, что отсоединение — это наиболее экстремальный из четырех элементов, речь идет не о расстройстве личности, диссоциативном расстройстве идентичности или пограничном расстройстве личности).

Если вы дошли до этого метода защиты, то вы не справляетесь с помощью отрицания и защиты. Как и в случае с другими элементами, отсоединение — это не всегда плохо. По сути, вы до сих пор выживали в жизни именно так. Отсоединение означает, что в прошлом вы оставили какую-то часть себя не исцеленной. Ваша часть живет прошлым, привязывая вас скорее к прошлому, чем к настоящему моменту, в котором вы находитесь. По сути данная стратегия помогает избежать интенсивности или серьезности чего-либо. Вы можете отсоединиться от вашего тела или чувства сильной радости, или горя, или грусти, или даже гнева.

1. Когда я чувствую, что ускользаю в мир фантазий, где я чувствую себя сторонним наблюдателем, а не обладателем собственной жизни?

2. Какое поведение свидетельствует о желании отсоединиться от жизни? Постоянный и бессмысленный просмотр телепередач по несколько часов подряд? Наслаждением алкоголем или другими веществами?

3. Чувствую ли я себя чужим в группе людей, когда они заняты тем, что чувствуют радость, счастье, смех или даже грусть, а мне кажется, что я наблюдаю за ними на съемочной площадке фильма?

4. От чего вы отказываетесь, выбирая отсоединение?

ВОПРОСЫ, КОТОРЫЕ ВЫ ДОЛЖНЫ ЗАДАТЬ СЕБЕ:

В течение следующих одиннадцати дней каждый день записывайте и отмечайте, когда вы начинаете, продолжаете или прекращаете отсоединяться.

Какие знания дает вам такое поведение?

Какую добродетель вы культивируете? (безопасность, стойкость, прощение, принятие, доброта, сострадание или мужество?)

Как правило, люди неосознанно выбирают каждый из четырех элементов, начиная с отрицания: "Ой, это же так приятно". Вы не успеете оглянуться, как начнете обороняться и драться, а ваш спор с другом или партнером может закончиться примерно так:

"Нет, все дело в тебе".

"Позволь-ка мне сказать вот что..."

"Каждый раз, когда ты делаешь..."

Не кажется ли вам знакомым подобный диалог? Я часто говорю своим клиентам, чтобы они были осторожны с тем, что они говорят и делают. Дело в том, что как только вы начинаете отрицать, не успеете вы оглянуться, как переходите к обороне, а оттуда либо прямиком к отсоединению, либо к отключению, которое все равно приведет вас к полной изоляции. А потом все начинается сначала. Вы просто возвращаетесь к отрицанию, потому что вам так безопаснее.

Изучая роль таких стратегий проживания жизни и бессознательные убеждения, которые их подпитывают, вы начинаете понимать, где находятся ваши границы, что вы можете делать и что полезно для здоровья. Вы обнаруживаете, что причиной болезней, мучений, несчастья, тревоги и депрессии является отказ от себя с помощью стратегий выживания: отрицания, обороны, отключения и отсоединения. Получается, что вы запираете себя в незримой клетке, чтобы не жить. Да, чтобы просто не жить! Вы правильно меня поняли.

УПРАЖНЕНИЯ

1. Сложите лист бумаги пополам и напишите четыре буквы "О" на одной стороне листа. Закройте глаза и на другой стороне листа напишите о случаях, когда вы проявляли каждую из четырех черт в своей жизни.

2. Составьте список людей, мест и даже вещей, которых вы избегаете.

3. Думая о людях, попробуйте понять, почему вы дистанцируетесь от них. Другие люди воспринимают таких людей иначе, чем вы? Замечаете ли вы, что "объясняете" их поведение, когда другие выражают беспокойство по поводу того, как они относятся к вам или другим людям?

4. Что касается мест, перечислите каждое из них и подробно опишите свой опыт пребывания в таком месте. Что произошло в том месте? Какие

чувства вызывает у вас это место? Почему вы избегаете бывать в этом месте?

5. Что касается вещей, составьте список того, что вы убрали или спрятали. Это может быть предмет домашнего обихода, ювелирное изделие, а также фотография. Какое ваше первое воспоминание об этом предмете? Что произошло, когда вы впервые оказались рядом с ним? Вы боитесь избавиться от него? Почему?

6. В течение следующей недели следите за тем, когда вы касаетесь чего-то из составленного вами списка. Возьмите с собой блокнот и записывайте в него каждую ситуацию. Где вы? С кем вы? Что вы делаете? Что вы чувствуете?

*Как только вы попробуете это упражнение, вы начнете диалог со своим телом, и вы окажетесь на пути к построению баланса разума, тела, духа и души.

А ВАМ КАКОЕ ДЕЛО?

Поймите причины ваших ограничений, чтобы осознать, что они кроются в вас.

РИЧАРД БАХ

Давайте начнем с того, что незримая клетка и ее стены — это механизмы преодоления, созданные (пусть и неосознанно) для того, чтобы оградить вас от внешнего мира. Но такой отказ от чувств и эмоций не может быть избирательным. Он также помогает вам отказаться от восприятия *себя* и того, кто вы есть на самом деле. Вы не хотите понимать свою суть.

В основе всего этого лежит *страх*, который сковывает вас: страх быть замеченным, быть разоблаченным, страх создать ту идею, которая вам нравится. Ваш страх заставляет вас действовать так, что вы постоянно плывете против течения, а все потому, что вы верите в ложь вашей мнимой сущности. Именно поэтому вам так трудно создать ту реальность, которую вы на самом деле хотите иметь. Для этого вам нужно избавиться от своего страха и от самоограничений. Кроме того, вы знаете о преимуществах сохранения текущего положения дел. По сути, вся ваша жизнь на сегодняшний день основана на этих ограничениях. Вы знаете единственный способ познать себя. Это основа, которую вы использовали для укрепления здоровья, тела, зарабатывания денег, работы и отношений (или их отсутствия).

Именно из-за непризнанных и неразрешенных сценариев прошлого, когда вы решили, что стали кем-то, кем вы на самом деле не являетесь, вы разрушаете свою жизнь. Вы выбрали такой способ влачить существование. Таким образом, вы притягиваете к себе такие же отношения.

Таким образом, вы притягиваете к себе такие же деньги. Таким образом, вы притягиваете к себе такие же должности и работу. Таким образом, вы притягиваете к себе такие же параметры тела. По сути, вы заставляете себя жить по правилу "мне ничего нельзя". Вы помните "Пигпена" из мультфильма Чарльза Шульца "*Арахис*"? Он был вонючкой, вокруг которого всегда было небольшое облачко пыли. По сути, такая же энергия хранится в ваших системах верований, и она всегда циркулирует вокруг вас, одновременно привлекая то, чего, по вашим словам, вы не хотите. Ваше энергетическое поле говорит о многом. Почему вы не хотите взять и изменить все это раз и навсегда?

НЕОСОЗНАННЫЕ ПРЕИМУЩЕСТВА

Для большинства людей мысль о том, что они могут извлечь из всего этого что-то положительное, какой бы извращенной она ни была, становится причиной страха и боязни. Но это всего лишь часть отрицания. Давайте рассмотрим некоторые потенциальные преимущества, которые вы можете получить, придерживаясь своих ограничений. Что-нибудь из этого кажется вам знакомым?

1. Сила
2. Безопасность
3. Защита
4. Контроль

5. Одиночество или нахождение в закрытом пространстве
6. Мир
7. Расслабление
8. Свобода
9. Внимание
10. Любовь
11. Месть
12. Космос
13. Дыхание и свобода
14. Поток мыслей

Когда вы избавляетесь от бессознательных убеждений и ограничений, вы становитесь обретаете баланс между энергией и своими желаниями и начинаете предпринимать правильные действия. Вы открываете дверь в мир новых возможностей. Но большинство людей не считают себя достойными такой возможности, поэтому они не станут пытаться сломать свою незримую клетку. Скажите эти слова, чтобы разломать клетку раз и навсегда. Я хочу на свободу! Я не пожалею об этом!

Зачем вам вообще понадобилось сеять СТРАХ? Чтобы ваши ложные верования казались вам реальными)?

Для этого может существовать только одна причина - вы хотите ограничить себя в мире возможностей, потому что такие возможности таят в себе что-то неизвестное и неопределенное для вас. Получается, что, вместо того чтобы столкнуться с ними или их предполагаемыми последствиями, вы ограничиваете себя и удерживаете себя на месте.

Когда я спрашиваю у людей: "Почему вы боитесь?", они часто отвечают мне: "У меня нет денег", "Я уйду от семьи, и они больше не будут меня любить", "Я не знаю, как это сделать, поэтому лучше даже не пытаться". Иногда они говорят, что это требует "слишком много работы". Кроме того, многие страдают от различных заболеваний и недугов. В этом мире так много причин, и они есть у каждого. "Я ужасно некрасивый человек. Мне стыдно. Я - сплошная ошибка". Это и есть "причины", по которым у них не получается создавать свою истинную жизнь.

Несмотря на то, что это всего лишь отговорки, слишком часто люди предпочитают верить в их истинность, вместо того чтобы создавать другую реальность, ту, которую они на самом деле хотят иметь. Если вы узнали себя в этом описании, то попробуйте задать себе следующие вопросы:

Что делает причину или отказ от истины настолько

важными, что вы скорее поверите в ложь, чем создадите мир правды?

Какую функцию она выполняет и кому она служит (как правило, не только вам)?

Какую выгоду или преимущества вы получаете от такого поведения?

Что вы узнаете?

Как это вас мотивирует?

Чему хорошему это вас учит?

Вы смогли покончить с этим порочным кругом на сегодняшний день?

Что вы сделаете, чтобы изменить сложившуюся ситуацию?

Главное заключается в том, чтобы спросить себя, а затем обратить внимание на ваше тело, потому что настоящие ответы приходят через ваше тело, а не из головы. Вы одновременно слышите *и* чувствуете ответ, который часто сопровождается чувством облегчения. Каждый раз, когда вы отказываетесь от неосознанного убеждения, вы все больше ощущаете свое присутствие в теле и свою уникальную духовную сущность. Подумайте о риске перемен. Ваше тело вас не подведет.

Чтобы попасть внутрь, вам нужно разрушить стены незримой клетки. Позвольте себе поплакать. Ваша эмоция

— это энергия в движении. Незримая клетка символизирует то, что вы держали в своем теле и от чего не могли освободиться. Вы можете понять и почувствовать тяжесть груза, который оставался незримым так много лет. Задайте себе такие вопросы: "Кем бы я была без своих ограничений и как бы я жила без них?" Позвольте своему телу откликнуться и предоставить вам гораздо больше возможностей для вашей жизни. Вам просто нужно с чего-то начать и сделать первый шаг.

Только вы создаете свое будущее.

Задайте себе следующие вопросы и запишите ваши ответы на них:

Как выглядела бы ваша жизнь без этих ограничений?

Кто был бы с вами?

Что включала бы такая жизнь?

Как вы ее воспринимаете?

Как она ощущается в вашем теле?

По сути, вы должны перестать сидеть на одном месте и начать упорную работу, чтобы вырваться из порочного круга. В психологии это называется "теорией зависимости от состояния". Другими словами, вы не можете вспомнить, изменить или достичь того, чего хотите, пока не окажетесь именно в том состоянии, в котором вы создали проблему или приняли решение, которое давно потеряло свою актуальность. Вот почему люди думают: "*Я хочу выпить, чтобы получить удовольствие", или "я хочу наркотики, чтобы достичь осознанности", или "я не хочу трезвости", просто оправдывая свою деградацию и бессилие.* Уже сегодня вы можете просто спросить ваше тело и выбрать то, что подходит вам обоим.

Реальность такова, что вы можете достичь того состояния осознанности, о котором так давно мечтаете. Вы можете избавиться от всей лжи, в которой вы жили. И уже сегодня вы можете вырваться из клетки. Начните с постановки целей в отношении того, что вы хотите изменить. Вы же знаете себя лучше всех. Вы страдаете от вечных капризов? Вы постоянно обвиняете других в своих бедах? Только вы знаете, изменилось ли ваше финансовое положение или нет. Только вы знаете, счастливы вы в сексуальном плане или нет. Только вы знаете, счастливы ли вы в своем теле или нет. Только вы знаете, счастливы ли вы на своей работе или нет. Только вы знаете! Это правда. Даже если вам кажется иначе, ваше тело все равно знает ответы на все эти вопросы. А теперь прислушайтесь к нему.

Все, что для этого нужно, — это набраться смелости взглянуть в лицо своему прошлому. Что вы можете назвать истиной сегодняшнего дня? Люди боятся признать, что *они живут своим прошлым в своем настоящем.* И дело не столько в том, что вы этого боитесь, сколько в том, что на каком-то уровне вам нравится такая жизнь. Это похоже на вас? *Это и есть* ваша незримая клетка.

УПРАЖНЕНИЕ: ВНУТРИ КЛЕТКИ

Прямо сейчас, представьте, что вы стоите внутри незримой клетки, а ее дверца заперта на замок. У клетки есть двенадцать прутьев. Каждый из них представляет собой страх или ограничение, за которые вы цепляетесь и которые мешают вам быть полноценным человеком.

А теперь разрежьте лист бумаги на двенадцать длинных полосок и на каждой напишите свой страх, боязнь или ограничение, которые постоянно сидят в вашей голове, не давая вам жить. На обратной стороне каждой полоски перечислите одно или несколько действий, которые вы можете предпринять, чтобы избавиться от этого прутка, формирующего стенку вашей незримой клетки. В конце этого упражнения вы, возможно, захотите разорвать или сжечь бумаги в качестве символа освобождения из клетки.

Прямо сейчас, я бросаю вам вызов. Вам действительно есть, что терять?

ВЕЛИКАЯ МУДРОСТЬ ВАШЕГО ТЕЛА

Давайте начнем с того, что постижение вашего тела —

это умение прислушиваться к своему телу, относиться к нему с добротой и выстраивать с ним отношения, чтобы вы могли почувствовать, что владеете своим организмом, и можете жить той жизнью, которую вы действительно заслуживаете.

ХОЛЛИ БРИДЖЕС

Ваше тело работает точно так же, как система GPS. Но как бы мы ни восхищались возможностями современных технологий, технологичность нашего собственного тела намного выше, особенно если учесть, что в нашей жизни все строится на интуиции, которая превосходит любые современные технологии. Нельзя забывать и о том, что некоторые из величайших умов мира признавали это, начиная с Альберта Эйнштейна, который говорил: "Все великие достижения науки должны начинаться с интуитивного знания. Я верю в интуицию и вдохновение". Стив Джобс говорил: "Наберитесь мужества и следуйте зову своего сердца и интуиции. Они каким-то образом уже знают, кем вы на самом деле хотите стать. Все остальное не так уж и важно".

ИНТУИТИВНАЯ ОСОЗНАННОСТЬ

Обратите внимание, что по мере того как ваше тело начнет более энергично устанавливать с вами контакт, вы обнаружите, что вам гораздо легче получить доступ к миру вашей интуиции и осознанности. Именно поэтому многие люди предпочитают оставаться в привычно тусклом мире своей незримой клетки. Иногда им кажется, что невежество — это высшее блаженство и возможности уйти от ответственности. Мир хорошо известного будущего может быть таким же страшным для непосвященных, как и неизвестность. Не забывайте о том, что, используя мир вашей интуиции, вы избавляетесь от неприятностей и проблем.

Интуиция сама по себе неуловима, поэтому часто она проявляется в мелочах. Например, однажды утром у вас может возникнуть мысль, что ваш партнер злится на вас, хотя это не так. День проходит хорошо, но потом, ближе к вечеру, ваша вторая половинка не хочет видеть вас. Именно такие знаки интуиции могут спасти ваши отношения гораздо лучше, чем постоянное заточение в стенах незримой клетки насилия.

В такие моменты Вселенная берет всю работу на себя, направляя вам знак, который просто невозможно упустить из виду, например, вы ломаете руку, падая с лошади, в то время как у вашего партнера интрижка на стороне, о которой вы просто не желаете знать. Так случилось и со мной. Кроме того, утром вы порезали палец ножом, зная, что вы не можете оплатить очередные счета вовремя. Я понимаю, что такие события кажутся никак не связанными, но обратите внимание, на то, как они привлекают ваше внимание. К счастью, такие знаки судьбы случаются все реже и реже, потому что они вам не нужны и вы можете положиться на свою интуицию, чтобы узнавать обо всем заблаговременно. Главный вопрос заключается только в том, прислушаетесь ли вы к ней.

Быть в единстве со своим телом — это не то же самое, что работать над вашим телом. Я много лет упорно работала над своим телом, чтобы помочь себе и другим, но лишь совсем недавно я смогла обрести истинное единство с ним, настроившись на одну волну. Теперь я понимаю, что мое тело всегда разговаривало со мной, независимо от того, слушала ли я его или нет. Сегодня я точно знаю, что не только оно продолжает разговаривать со мной, но и я разговариваю с ним каждый день. Мы строим процесс взаимного общения.

Раньше мне было очень неуютно в своем теле. Мне казалось, что мне под кожу забрались быстрые насекомые. Буквально везде в моем теле и на его поверхности царили энергии и мысли других людей, которые воплощали реальности других людей. У меня были проблемы с самооценкой, кроме того, в моей жизни присутствовал длинный список отрицательных суждений о самой себе. И только когда я решила заглянуть внутрь себя, я обнаружила, что такое поведение буквально разъедало меня изнутри, не помогая мне. В то время я считала, что некрасиво иметь собственное красивое тело, а также думала, что получение удовольствия - ужасно, а суть женщины заключается в том, чтобы постоянно переживать насилие. Именно такими мыслями я питала свой организм, которые он не мог "переварить", а зеркальным отражением моего поведения было то, что мой организм не мог переварить или усвоить пищу. В то же самое время, когда ваш организм не может или не переваривает то, чем вы его кормите, возникает воспаление, которое может привести к увеличению веса.

В моем случае причина крылась в отсутствии баланса между разумом и телом, и только когда я начала спрашивать и прислушиваться к своему телу, оно начало меняться.

О чем говорит эта боль? Кому принадлежит эта боль? Какое решение я приняла? К какому выводу я пришла? Как я прожила свою жизнь и сформировала свой образ жизни в соответствии с этими решениями и выводами? Как я сформировала свое тело в соответствии с этими решениями и выводами?

Дело в том, что если вы считаете себя злым, неправильным, порочным, ужасным, гадким или уродливым человеком, то ваше тело будет отражать все это в том, как оно выглядит, принимает форму и ощущается.

Именно поэтому я считаю, что в вашем теле кроется источник телесного исцеления. По мере того как вы меняете свое восприятие, ваше тело меняется в соответствии с вашим восприятием. Но это происходит не за один день. Вы освобождаетесь от этого благодаря обязательству, данному самим себе, и решению стать хорошим другом самому себе, расширяя свои горизонты, а не зажимая себя в тиски обыденности. Только тогда ваше тело становится вашим другом, средством, с помощью которого вы проживаете свою жизнь, активно сотрудничая с вами в том, что наиболее полно соответствует вашим заветным желаниям, заставляя ваше сердце петь серенады любви. Вы строите новые отношения с самими собой. Когда все меняется, вы чувствуете себя хорошо как в личном, так и в профессиональном плане и, подобно несокрушимому ледоколы, начинаете действовать, чтобы создавать в своей жизни веселье, легкость и радость бытия.

В этом заключается обещание и сила формирования диалога и открытия каналов коммуникации с вашим телом, потому что и проблема, и результат заключаются в общении, а также в той истории, которую вы рассказываете сами себе. Как только вы меняете свою историю, вы меняете и результат.

Когда вы наполнены проблемами, в вас нет места для чего-то нового, а также нет места для решения. Когда у вас найдется минутка, займитесь "уборкой" и найдите немного места для чего-то нового...

ЭКХАРТ ТОЛЛЕ

Наши тела способны меняться, и для того, чтобы вызвать такие изменения, требуется обрести единство с вашим телом.

Этого можно добиться только открытой беседой с вашим телом. При этом вам не придется делать колоссальные шаги, чтобы что-то изменить.

МАЛЕНЬКИМИ ШАЖОЧКАМИ

Давайте начнем с того, что отметим, что наш язык присутствует в каждой клетке нашей реальности. Изменяя одно слово внутри себя, мы расширяем, сужаем или изменяем свое сознание, осознанность и реальность. Мысли и разговоры поколений, живших до нас, все еще находят отклик в нашей жизни как истинные и реальные.

РОБЕРТ ТЕННИСОН СТИВЕНС

Сегодня, если вы готовы испытать хотя бы одно чувство, которого никогда не испытывали по отношению к конкретной ситуации в вашей жизни, например, по отношению к вашему отцу, вашей матери, вашему начальнику, вашему супругу или другому человеку, вам нужно выбрать методику маленьких шагов. Если вы готовы назвать то, о чем никогда не подозревали, выбирайте методику маленьких шагов.

Каждый раз, когда я работаю со своими клиентами, я спрашиваю их: "Какие маленькие шаги вы готовы сделать сегодня? Что вы планируете сделать после завершения нашей встречи?" В моей жизни был такой момент, когда мне помогла методика маленьких шагов. Я приняла решение: "Несмотря ни на что, сегодня я буду счастливой. Я буду благодарна за все, что есть у меня". В то время я не знала, как быть счастливой или благодарной за что-либо, поэтому я решил что в этом мне поможет методика маленьких шагов. Я решила следовать ей во что бы то ни стало. Даже при наличии проблем в жизни, я была благодарна за них.

Вот еще один пример того, как методика маленьких шагов помогла мне: "Несмотря ни на что, я собираюсь каждый день выходить на тридцатиминутную прогулку. Я собираюсь засекать время на своем телефоне и не собираюсь заниматься никакими другими делами". Вскоре мои тридцать минут превратились в час, а затем и час превратился в полтора часа. Дошло до того, что я не хотела возвращаться на работу, но если мне приходилось возвращаться к работе, мне всегда становилось лучше, потому что у меня было свободное пространство. Вот что делает методика маленьких шагов. Она дает вам пространство. Когда вы избавляетесь от таких убеждений, как "*Я ошибка*", "*я непривлекательная*", "*Я выгляжу ужасно*", "*Я никто*", "*я обманщик*" из своего клеточного сознания, вы чувствуете себя легче и свободнее. Это и есть методика маленьких шагов.

А как вам помогает методика маленьких шагов? Вы можете просто взглянуть на то, что пугало вас в прошлом. Я ведь говорила, что вам будет *просто*, но не говорила, что это будет *легко*. Вы можете осознать, что полностью потеряли контроль над своей жизнью. Верните бразды правления в свои руки. Вы можете произнести это вслух или прошептать про себя. А потом запишите ваши слова. Сделайте их реальностью.

ЧТО ТАКОЕ МЕТОДИКА МАЛЕНЬКИХ ШАГОВ ДЛЯ МЕНЯ?

Предлагаю вашему вниманию список идей, которые помогут вам начать свой день с того, чтобы зарядиться энергией и использовать методику маленьких шагов.

- Возьмите на себя обязательство каждое утро записывать новый маленький шаг.

- Обязательно берите ваши записи с собой и читайте их вслух несколько раз в день. Для этого упражнения хорошо подходят карточки.
- Продолжайте стремиться к тому, чтобы каждый день делать маленький шаг.
- *Сегодня мой маленький шаг — это...*
- *Сегодня моя благодарность — это...*
- *Сегодня мое действие — это...*
- *Маленький шаг для меня — это...*

ДРУЖБА С ВАШИМ ТЕЛОМ

Не забывайте о том, что Рим был построен не за один день, как и ваши системы верований. Если у вас есть история, которую вы проживали на протяжении тридцати лет, вы, скорее всего, не откажетесь от нее одним махом. Поэтому, будьте терпеливы к себе и упорно работайте. Единственное, на что вы можете рассчитывать, так это на то, что ваше тело скажет вам правду и выведет вас из затруднительного положения в вашей жизни. Один из моих клиентов недавно рассказал мне такую историю.

Ваше тело — это ваш близкий друг, лучший друг, который никогда не лгал вам и никогда не будет лгать впредь. Подумайте вот о чем:

Ваше тело:

- *непоколебимо в своей преданности вам и
  существует только для того, чтобы
  поддерживать вас в достижении вашей высшей
  цели.*
- *никогда не устанет от вас, как бы вы к этому
  ни относились.*
- *дает вам невероятную обратную связь,
  показывая и отражая ваше душевное состояние
  без осуждения.*
- *реагирует на каждую вашу команду.*
- *представляет собой ваш проект, ваше творение
  и ваш дар миру.*
- *никогда не собьет вас с пути истинного даже на
  мгновение.*
- *испытывает преданность и находится в вашем
  полном распоряжении.*

Часто люди не хотят обретать свое тело, потому что если они это сделают, то вспомнят прошлое, ведь их тело помнит все. Дело в том, что ваш разум ничего не помнит. Ваш разум не хочет ничего вспоминать. Но ваше тело помнит все. Однажды я работала с женщиной, которая не хотела подключаться к своему телу, несмотря на все мои попытки заставить ее установить связь с телом. Она продолжала говорить, что все исходит от ее тела, но я чувствовала, что со мной говорит ее разум. Наконец, она открылась своему телу. Она не сопротивлялась намеренно, все это было неосознанно. Оказалось, что находиться в ее теле было очень больно, потому что она воплощала в себе убеждение в том, что она уродлива. Она хотела держаться подальше от боли и предпочла бы жить в будущем или в мире воображения, но не в настоящем.

Реальность такова, что, каким бы пугающим вам это ни казалось, сам страх порождается вашим разумом и составляет лишь около десяти процентов от вас самих. Получается, что вы должны просто переключить свое внимание с вашего разума, который составляет лишь 10%, на 90% вашего мудрого тела.

Ваши чувства помогут вам приблизиться к истине о том, кто вы есть.
ЭКХАРТ ТОЛЛЕ

Ваше тело — это подарок судьбы. Ваше тело — это возможность. Не воспринимайте ваше тело, как мертвый груз, который вы постоянно таскаете на себе. И тогда оно заговорит с вами, но только если вы ему позволите. Но *сначала вы должны прислушаться к нему,* а не к тому, что говорят все остальные.

Потому что, как только вы сосредоточитесь на своем теле, все изменится. Спросите себя: *Какие вещи необходимо изменить ради спасения моего тела? Что даст мне больше легкости и умиротворения?* А теперь слушайте ответы. И прислушивайтесь к энергии вашего тела, а не только к ответу.

Когда я смотрю назад, я вижу, что именно энергия любви, пространства и хорошего самочувствия, а не саморазрушительных мыслей или убеждений, способствующих предательству самих себя, изменила то, как я смотрю на эту жизнь. Наше тело представляет собой сложный чувственный организм, поэтому, каждое его послание несет в себе какой-то глубокий смысл. Но что именно говорит вам ваше тело? Предлагаю вам эффективный способ получить ответ на этот вопрос. Обратите внимание, что происходит во время осмысления той или иной идеи: вы *расширяетесь или сжимаетесь?* Задайте себе такой вопрос: "*Тело, тебе сейчас хорошо? Что ты чувствуешь? Расширение или давление?*"

ДА ИЛИ НЕТ

Постарайтесь подумать о своем теле, оказавшись в мире сенсорной медитации. Вы можете использовать свое тело для того, чтобы настроиться на нужную вам информацию, которую вы, возможно, упускаете из виду, чтобы принимать решения. Например, у меня есть свой международный бизнес, и я советуюсь со своим организмом, чтобы понять, на каких сферах мне лучше сосредоточиться. *Стоит ли мне сейчас сосредоточиться на Турции,*

Нидерландах или Испании? Если я испытываю какую-то боль или напряжение в своем теле, или у меня возникает конфликт в отношениях, первое, о чем я спрашиваю свое тело, звучит так:

1. *Что я не хочу осознавать?*
2. *Что я упустила из виду?*
3. *Где сейчас требуется мое внимание?*
4. *Как я могла предвидеть это и не обратить на это внимания?*

Ваше тело как врожденная система управления не подведет вас. Оно будет общаться с вами и особым образом давать ответы на ваши вопросы, говоря вам: "Да" или "Нет". Тело не допускает ответов в стиле "может быть". Как правило, ответ "Да" будет ощущаться как расширение, а ответ "Нет" - как сжатие в какой-то части вашего тела или, возможно, во всем теле в целом. Каждый человек должен открыть для себя и развивать свою собственную уникальную систему общения с телом. Выясните, что такое "Да" в вашем теле, а что такое "Нет". Обычно, вы можете описать то, что чувствуете в своем теле. Например, вы можете почувствовать напряжение в животе. Возможно, с ним связан какой-то цвет. Или, может быть, вы чувствуете его в своей голове или в своем сердце. Когда вы начнете лучше осознавать свое тело, вы поймете, что большую часть своей жизни вы жили в состоянии сжатия. Самое главное заключается в том, чтобы осознать это, чтобы вы могли начать жить в условиях расширения и возможностей.

Простые шаги, которые помогут вам:

Произнесите ваше имя вслух.

"Меня зовут..."

Обратите внимание, где вы ощущаете это знание в своем теле?

Это ощущение и есть ваше "Да".

Теперь скажите: "Я лягушка".

Замечаете, как реагирует ваше тело?

Это ваше "Нет".

Используйте данную методику ежедневно.

Добро пожаловать в навигационную систему вашего тела!

Ваша жизнь не становится лучше случайно, она становится лучше благодаря переменам.

ДЖИМ РОН

По мере того как вы развиваетесь и меняетесь, меняются и ваши "Да" и "Нет". Иногда дело в людях, которых вы привлекаете в свою жизнь, или в том, какую одежду вы носите, или в том, чем занимаетесь. Например, мое нынешнее "Да" сильно отличается от тех времен, когда я употребляла алкоголь. И то, от чего я отказываюсь сейчас, отличается от того, к чему я стремлюсь, потому что это связано с тем, к чему я стремлюсь. В разные периоды жизни у меня могут быть разные желания. Раньше я просто пыталась разобраться во всех способах, которыми я отождествляла себя с миром, и в своих убеждениях, которые не соответствовали отпечатку моей души.

Когда вы живете отдельно от своего тела, все вокруг обособлено и фрагментарно. Например, если вы попытаетесь что-то создать в своем бизнесе, это может принести плоды, но сделать это будет непросто. Вы опоздаете, что-то упустите или сделаете что-то не так. По мере того как вы будете активнее соответствовать отпечатку вашей души, вы будете привлекать разных людей, которых раньше не могли привлечь из-за своей фрагментарности. Мы склонны привлекать людей, находящихся на уровне нашей собственной фрагментации, или ниже его. Уровень энергии всегда соответствует текущему количеству наших проблем, поэтому мы и притягиваем к себе не тех людей.

ЧУВСТВЕННОСТЬ К МИРУ ВОКРУГ ВАС

Давайте начнем с того, что наше тело чрезвычайно чувствительно к окружающему миру, и мы переносим энергию других людей на свое собственное тело, не осознавая этого. Но вы можете осознать это в любой момент, когда решите остановиться и задать себе вопрос. Сколько раз вы просыпались по-настоящему уставшими и в плохом настроении, даже несмотря на то, что легли спать нормально и вроде бы выспались? В чем была причина? Это явно было с чем-то связано. О чем вы уже знаете? Кто приходит вам на ум прямо сейчас, когда вы думаете об этом?

На своих семинарах я преподаю множество техник энергетического исцеления, чтобы помочь людям очистить и рассеять такую энергию, и это приносит им большое облегчение. Что еще более важно, они сами учатся осознавать такие вредные влияния других людей. Один из клиентов постоянно просыпался с мигренью, болью в шее и спине. Мы смогли разобраться в ситуации в целом, просто задавая подобные вопросы:

- *О ком вы думаете?*
- *Если бы боль могла говорить, что бы она сказала?*
- *Чьей болью вы мучаетесь?*

Не все, что вы испытываете, уходит корнями в прошлый опыт. Чем больше вы работаете над тем, чтобы очистить свое прошлое и то влияние, которое оно оказывает на ваше настоящее, тем больше вы можете воспринимать энергии окружающего мира. То, что вы чувствуете, может быть связано с кем-то из ваших знакомых, или вы можете чувствовать себя ребенком, которому причиняют боль в Саудовской Аравии. Мы делаем это потому, что, будучи людьми, мы являемся энергетическими существами и молекулярно-сенсорными организмами, связанными с целым миром.

Мы поддерживаем связь на космическом уровне. Вместо того чтобы спрашивать, почему это так, полезнее сосредоточиться на вопросе: "Что я могу сделать с этой энергией, когда я знаю, что она не моя?" И есть много способов избавиться от энергии. Вы можете отдать такую энергию земле, передать ее свету, отдать ее любви, встать на колени и помолиться или выбить ее в боксерскую грушу. Смысл заключается в том, чтобы научиться отличать то, что принадлежит вам, от того, что принадлежит кому-то другому. В детстве вы думаете, что все ваши мысли и чувства принадлежат вам. На самом деле, будучи очень чувствительным существом, вы имеете дело не только со своей матерью, а со своим отцом, братьями и сестрами, тетями и дядями, учителями и еще сотнями других людей.

. . .

УПРАЖНЕНИЕ

(Я ПРЕДЛАГАЮ ДЕЛАТЬ ЭТО ТРИ РАЗА В ДЕНЬ В ТЕЧЕНИЕ 21 ДНЯ)

1. Запишите все, что вы думаете о своем собственном теле. Ваша главная цель состоит в том, чтобы выбросить эти мысли из головы и изложить их на бумаге. Чтобы помочь вам в выполнении этого упражнения, я рекомендую подумать о негативных комментариях, которые вы делаете в своей голове в адрес самих себя. Запишите десять убеждений или фраз о себе.

2. Поразмышляйте о вашем физическом теле. Вам оно нравится? За что вы его критикуете? Вес? Внешность? Движение? Напишите десять критических замечаний о вашем теле. Примечание: вы можете использовать примеры выше или записать свои варианты.

3. Какие неудобства вы испытываете в своем теле? Склонны ли вы к болезням? У вас постоянно что-то болит? Вы часто испытываете боли в животе? Вы когда-нибудь замечали, что задерживаете дыхание? Когда и почему? Напишите сейчас десять симптомов или недомоганий в вашем теле.

4. Закройте глаза.

5. Положите одну руку на вилочковую железу

(сердечный центр), а другую - на лобковую кость (низ живота).

6. Трижды вдохнув через рот, опустите челюсть.

7. Теперь возьмите энергию незримыми руками вашей души, а также используйте ваши свои настоящие руки, чтобы поднять ее.

8. Опустите ее в землю пять раз.

9. Поднимите руки к небу пять раз.

10. Направьте руки перед тобой пять раз.

11. Теперь снова вдохните через рот три раза.

12. Развернитесь и прикоснитесь к четырем углам комнаты, в которой вы находитесь, положив руки на вилочковую железу и лобковую кость, ощущая, как ваши ноги стоят на полу.

13. Постигайте все четыре уголка города, в котором вы находитесь.

14. Постигайте все четыре уголка региона, в котором вы находитесь.

15. Постигайте все четыре уголка страны, в которой вы находитесь.

16. Постигайте все четыре уголка света, представив, что наш мир ограничен четырьмя углами.

17. Постигайте все четыре уголка Вселенной, если вы сможете постичь их.

18. Вы заметили разницу? Что нового вы почувствовали?

19. Запишите это или произнесите следующее, все еще держа руки на прежних местах:

20. Я изменилась!
21. Я знаю, что изменилась!
22. Я знаю, что изменилась, потому что…

ВОССТАНОВЛЕНИЕ СВЯЗИ

Уже сегодня у каждого человека есть возможность перейти от жизни, основанной на страхе и подпитываемой адреналином, к полноценной разумной жизни. Телесный интеллект расширяет наш кругозор за пределы страха и открывает богатую тысячелетнюю мудрость, которую мы несем в своих клетках.

ГАЙ ХЕНДРИКС

Давайте начнем с того, что доверие к себе и мудрости своего тела может прийти только тогда, когда вы позволите себе перестать жить в чужой вселенной и судить себя чужими глазами. Вам не нужно оправдывать свою ценность или искать для нее основания.

Очень долго я считала, что должна постоянно рассказывать другим людям о том, как часто я обучаюсь и какие достижения у меня есть, чтобы заслужить повышение по службе или почувствовать себя лучше. Только когда я смогла перестать смотреть на себя с точки зрения других людей, я обрела свою собственную точку зрения. И это произошло не за один день, а началось с того момента, когда компьютер заговорил от имени моего тела.

Я начала исследовать и развивать свои отношения по-другому, сосредоточившись в первую очередь на личных отношениях, которые оказались за пределами моего тела. Затем я внимательно изучила свои внутренние взаимоотношения, то есть, мое отношение к себе, мое отношение к своему здоровью, отношение к деньгам, а также мои личные финансы и отношение к деньгам. Я погрузилась в размышления о том, *счастлива ли я?* Нет ничего удивительного в том, что я обнаружила, что не чувствую себя счастливой. И я не был довольна тем, что я создавала, и тем, как я создавала.

Если вы один из тех, кто несчастлив, но не признается в этом и изо всех сил старается не замечать причин, то у вас много единомышленников. Такое желание успокоить себя имеет свои преимущества, по крайней мере, до тех пор, пока в жизни что-то не случается и не сотрясает нашу незримую клетку. В качестве примера можно привести 2020 год, когда у нас была всемирная пандемия, которая вынудила людей не выходить из дома. Мы застряли дома с теми людьми, с которыми живем. В таких обстоятельствах оказалось довольно сложно игнорировать то, как они относятся к вам и как вы относитесь к ним, а также то, как вы относитесь к своему телу и как ваше тело относится к вам, а также то, вы относитесь к своим друзьям. И вообще, действительно ли они ваши друзья?

Оказывается, вы не можете просто не контролировать состояние вашего банковского счета. Вы не можете игнорировать ночные кошмары, в то время как раньше вы могли отогнать плохие чувства, занимаясь работой и просто игнорируя все на свете. Вы не можете игнорировать разочарование, которое испытываете по отношению к своим матери или отцу, или боль и опустошение, которые вы испытываете из-за того, что их больше нет рядом, и то, как это повлияло на вашу жизнь.

Но если вы хотите изменить вашу жизнь, вы больше не можете полагаться на прошлые ситуации или мириться с ними. Вы должны сказать: "Мне не нравится моя жизнь, и я хочу ее изменить". Может быть, вам что-то и нравится в вашей жизни, но вы должны быть безжалостно честны, чтобы противостоять любой части своей реальности и перейти на качественно иной уровень созидания.

Теперь ответьте на эти вопросы:

- *Назовите ту часть своей жизни, которая вам не нравится, и сделайте все возможное, чтобы изменить ее!*
- *Назовите ту часть своего поведения, которая вам не нравится, и обязуйтесь сделать все возможное, чтобы изменить ее!*
- *Примите решение прямо сейчас. Заявите об этом вслух.*
- *Я выбираю...*

- *Итак, какие действия вы готовы предпринять, чтобы следовать вашему выбору? Не имеет значения, что именно вы готовы сделать. Самое важное — это то, что вы готовы совершить действие.*
- *Я готова...*
- *Озвучьте благодарность, которую вы испытываете прямо сейчас...*
- *Я благодарна, потому что...*
- *Я благодарна за...*
- *Я благодарна из-за...*
- *Теперь обратите внимание на ваше тело...*
- *Скажите привет.*
- *Обнимите себя.*
- *Скажите: "Я люблю тебя".*
- *Скажите: "Спасибо тебе, тело".*
- *А теперь не останавливайтесь на пути к лучшей версии себя.*
- *БУДЬТЕ СОБОЙ!*

Когда я узнала, что у меня аллергия на алкоголь, и приняла решение бросить пить, мне пришлось учиться жить без этого мощного "помощника". Я смогла заменить алкоголь своей методикой маленьких шагов. В тот момент у меня появилось пространство, позволяющее увидеть вещи, которые можно изменить и сделать лучше. Раньше мне хотелось просто выпить и ничего этого не видеть. Я не скучала по алкоголю, но и не хотела скучать по своей жизни, по ответственности, контролю и созиданию своей реальности. Такое желание привело меня к поиску инструментов и техник, которые помогли мне вырваться из клетки и порочного круга четырех элементов насилия.

ИНСТРУМЕНТЫ И ТЕХНИКИ, РАЗРУШАЮЩИЕ КЛЕТКУ

1. *МЕТОДИКА ROAR*®

Методика радикально-оргазмической ясности жизни или Roar® — это соматическая техника, позволяющая устранить травму из прошлого вербально, энергетически и соматически. Она разрушает ограничения и бессознательные убеждения, о которых вы не подозреваете. Тем не менее, они определяют вашу жизнь и делают вас страдальцами. По сути, это инструмент, который вы можете использовать каждый день своей жизни, если захотите, чтобы избавиться от боли. Мне нравится использовать аналогию с духовкой, которая умеет чистить себя сама. Поэтому вам не нужно ждать, пока кто-нибудь сделает это за вас. Иногда я говорю своим клиентам, что они могут просто зайти в ванную, использовать методику, после чего выйти из ванной, вернуться к работе и сохранить работу. Многие из них поступили именно так!

Сокращенная версия методики Roar® выглядит следующим образом:

1. *Какая у вас ситуация?*

2. *О чем она говорит?*

3. *С чем она связана?*

4. *Боже мой, ведь я сама приняла такое решение,*
   — это и есть система ваших верований.

5. *Я не хочу сделать это прямо сейчас. Как я могу*
   все изменить?

6. *За что вы благодарны?*

7. *Сделайте маленький шаг вперед и измените*
   вашу жизнь раз и навсегда.

Чем активнее вы работаете, тем сильнее ваша работа заполняет ваше тело, поэтому, однажды вы можете спросить себя: "Тело, о чем ты пытаешься мне сказать?" Именно тогда вы выпускаете свои эмоции из незримой клетки. Помните, что эмоции — это энергия движения, поэтому нет необходимости нажимать на тормоза, держать ваше тело напряженным или переходить в отрицание, оборону, отключение или отсоединение, пытаясь игнорировать все это. Ваша главная цель - научиться оставаться в настоящем.

"Легко оставаться в качестве наблюдателя своего
разума, когда вы глубоко укоренены в своем теле.
Что бы ни происходило снаружи, ничто больше не
сможет поколебать вас.

. . .

ЭКХАРТ ТОЛЛЕ

1. *ЧЕТЫРЕ ПРОТИВОПОЛОЖНОСТИ*

Подобно птенцу, который долго сидел в гнезде и готов был улететь, иногда нам нужно обрести крылья, чтобы совершить свой полет к свободе. Именно здесь вам помогут четыре противоположности: принятие, воплощение, изучение и расширение, а также выбор, преданность, сотрудничество и созидание). Представьте себе красивый танец противоположностей, которые сменяют друг друга одна за другой, чтобы вырвать вас из цепких лап незримой клетки.

Для начала позвольте мне объяснить, что означает каждая из противоположностей, после чего я приведу пример того, как все это работает и может сочетаться друг с другом, чтобы вывести вас из клетки, подарив полную свободу.

ПО СУТИ, ПРИНЯТИЕ — ЭТО ПРИЗНАНИЕ ПРИСУТСТВИЯ ЧЕГО-ТО И ПРЕБЫВАНИЕ В НЕМ

Независимо от того, что происходит, вы готовы встретиться с этим лицом к лицу и почувствовать это. Вы принимаете это и позволяете этому быть в вашем сознании без осуждения. Это форма принятия всего, что происходит и что вы чувствуете в своем теле прямо сейчас. По сути, это полная честность, открытость и готовность познать свою истину и жить в соответствии с ней. Лично для меня это была самая глубокая, насыщенная и сложная работа. Могу заверить, что оно того действительно стоит.

Назовите хоть одну вещь, которую вы отказываетесь принять прямо сейчас.

ИЗУЧЕНИЕ — ЭТО УМЕНИЕ ЗАДАВАТЬ ВОПРОСЫ И ПОЛУЧАТЬ БОЛЬШЕ ИНФОРМАЦИИ О ТОМ, ЧТО ПРОИСХОДИТ И ЧТО НУЖНО ПРЕДПРИНЯТЬ, ЧТОБЫ ЭТО ИЗМЕНИТЬ.

По сути, это исследование того, что чувствует ваше тело в данный момент, то есть глубокое погружение в мир новых знаний. Вы готовы выслушать себя и получить ответ.

А теперь, назовите, что именно вы узнали в ходе вашего ИССЛЕДОВАНИЯ.

ВОПЛОЩЕНИЕ — ЭТО УМЕНИЯ ВКЛЮЧАТЬ В СЕБЯ ИЛИ ПРИДАВАТЬ ФОРМУ ИЛИ ВИДИМОЕ ВЫРАЖЕНИЕ ЧЕМУ-ЛИБО.

Речь идет о том, чтобы принять истину о себе и войти в состояние единства со своим телом. По сути, это возможность быть самим собой, которая представляет собой скорее выбор, чем просто надежду или мечту. Это открытие новой реальности, в которой вы начинаете двигаться. Вы чувствуете себя лучше, легче и лишаетесь скованности.

Назовите то, что, по вашему мнению, вы ВОПЛОЩАЕТЕ прямо сейчас.

РАСШИРЕНИЕ — ЭТО РЕШЕНИЕ ЗАНЯТЬ ВАШЕ ПРОСТРАНСТВО, ЧТОБЫ ПОЛНОЦЕННО ЖИТЬ И БЫТЬ СОБОЙ.

Вы больше не в клетке. Когда вы расширяете свою энергию, вы даете своему телу то, что ему требуется для расслабления. Вместо того чтобы снова сжиматься в клетке, вы расширяетесь и претендуете на свое пространство как существо, которое выбирает свободную жизнь.

Вы начинаете осознавать, что вы существуете и что у вас есть выбор, поэтому вы выбираете радикальную ясность жизни. Делая маленькие шаги снова и снова, вы создаете жизнь, которая, как вы всегда знали, возможна в реальности, а не в виде принятия желаемого за действительное или фантазий.

Расскажите, как вы чувствуете, что РАСШИРЯЕТЕСЬ прямо сейчас.

ВТОРАЯ ЧАСТЬ

Выбор — это поведение, когда вы выбираете из легкости того, что истинно для вас, вы даете себе разрешение признать то, что вы выбираете, вместо того, чтобы позволять другим людям или другим факторам во Вселенной влиять на ваше тело и вашу жизнь. Выбор требует от вас осознания того, чего вы хотите, названия и формулировки того, что на самом деле является вашим выбором. Выбор может потребовать смелости, поскольку вы признаете свои собственные желания, даже если они противоречат желаниям окружающих вас людей. Выбирать — значит любить тебя.

Преданность — это умение идти на пролом, невзирая ни на что. Вы говорите: "Это то, чего я требую от себя. Это то, чего я больше не потерплю". По сути, вы обретаете полное осознание ситуации и четко знаете, что будете делать дальше. Что бы ни происходило, вы принимаете это. Преданность — это действие, которое следует за вашим выбором. Она оживляет вашу сущность и ваше тело, меняя вашу жизнь.

Когда вы выбираете сотрудничество, Вселенная удивляется: "Ничего себе! Теперь нам нужно кое-что сделать. Мы собираемся сделать все для вас". Сотрудничество — это процесс общения с самими собой. Вы меняете негативный настрой и постоянно поощряете себя к действию и движению к тому, что вы выбираете. Вы стараетесь найти поддержку людей или ситуации, которые помогают вам, окружая себя энергией и людьми, которые верят, что вы заслуживаете права выбора. Обратите внимание, что именно сотрудничество со Вселенной позволяет сделать сознательный отказ от сотрудничества с людьми, которые не поддерживают ваш выбор и пытаются помешать вашим действиям. Вы дистанцируетесь от этих людей или учитесь распознавать, что их слова часто лживы.

Созидание — это жизнь, построенная на принципах радикальной ясности. Созидание — это удивительное и вдохновляющее состояние, когда вы находитесь в потоке продвижения вперед в своем выборе. Вы взяли на себя определенное обязательство и наполнили свою жизнь людьми, которые помогают вам в этом. Теперь вы получаете удовольствие от выполнения шагов, которые превращают ваш выбор в реальность в вашей жизни. Учитывая, что вы используете каждый из этих элементов, вы создаете в своей жизни пространство для решения любых задач, выбирая действие вместе уклонения. Теперь вы знаете, как действует методика маленьких шагов, даруя вам радость и счастье.

Я создала концепцию противоположностей, чтобы показать вам, что вы можете сделать выбор за пределами того мира, где вы жили и творили до сих пор, выбрать для себя радикальную ясность жизни и понять, что перед вами лежит мир, полный новых возможностей. А это уже не просто надежда. Вы можете почувствовать это изменение своим телом. Почему? Потому что вы решили говорить, быть честными и посвятить себя созиданию, не подавляя свой гнев и эмоции. Вы позволяете Вселенной помогать вам, чтобы перейти на качественно новый уровень жизни. Вы созидаете и строите данный процесс на базе собственной осознанности. Вы отказываетесь от разрушения, созидая и создавая что-то новое. Вы выходите из клетки, выбирая радикальную ясность жизни, и именно здесь вы хотите остаться. Ясность жизни — это бескрайняя энергия, которая помогает распознать энергию вашей души и быть самими собой.

ЕЖЕДНЕВНЫЕ УПРАЖНЕНИЯ

Ваше тело чувствует, когда о нем заботятся, и вы делаете это, уделяя время себе. Большинство из нас встают с утра, выпивают чашечку кофе, принимают душ и выбегают за дверь, чтобы заботиться о целом мире. Мы чувствуем стресс с того самого момента, как начинается наш день. Вашему телу будет очень приятно, если вы проявите к нему внимание, как к другу. Методика маленьких шагов — это один из способов сделать это.

1. Центр созидания

Медитация полезна для нас, и это доказано наукой. Тем не менее, сидеть с закрытыми глазами и дышать в течение определенного времени получается не у всех. К счастью, существует множество способов медитировать. Вы просто должны найти тот вариант, который соответствует вашей уникальной натуре. У меня есть утренний распорядок, который я называю "центром созидания". По сути, он позволяет получить то же самое, что и другие формы медитации. То есть, открывает во мне пространство, в котором я могу слышать, как мое тело говорит со мной, поэтому я могу сознательно выбирать то, что подходит мне и моему телу каждый день.

Большинство из нас никогда не учили делать выбор. Мы выросли, делая или реагируя на то, чего хотели от нас наши мать, отец или учителя, или хотели, чтобы мы делали, независимо от того, нравилось нам это или нет. У некоторых людей, таких как я, властные родители распланировали всю их жизнь, в какие школы поступать, какие степени получать, что делать тут и там. Нам просто не приходит в голову, что мы можем творить каждый день, или что у нас есть возможность, и мы можем выбирать что-то новое каждый день.

Я начинаю с того, что зажигаю свечи, прежде чем сесть за свой рабочий стол. Я всегда сосредотачиваюсь на трех вещах: что-то для моего тела, для моего бизнеса и для чего-то личного. Например, когда я готовилась к операции, я просмотрела одну из своих книг, в которой были собраны лучшие молитвы. Я решила переписать их, чтобы облегчить свое состояние. Кроме того, вы можете выбирать что-то более простое.

Сегодня, несмотря ни на что, я буду благодарной.

Сегодня, несмотря ни на что, я буду уязвимой.

Сегодня, несмотря ни на что, я буду дышать каждый раз, когда буду чувствовать горечь и разочарование.

У меня есть еще одна практика, которую я использую, когда я чувствую, что балансирую на грани потери контроля, употребляя слишком много сахара, чтобы вернуть себе осознание того, что мое тело достойно лучшего. Я кладу руку на вилочковую железу и лобковую кость, закрываю глаза и дышу. Потом я спрашиваю себя: "Лиза, чего не хватает?" Или: "Что тебе нужно сейчас?" Обычно я слышу слова о том, что мне не хватает самой себя. Таким образом, я могу исключить избыточное потребление сахара. Таким же образом я могу сохранить свое достоинство.

Вы можете использовать и другую активность:

1. Чтение ваших ежедневных размышлений
2. Выбор энергетической карты
3. Ведение дневника
4. Задавайте вопросы:

Тело, что бы ты хотело [носить, делать, есть, в чем участвовать сегодня]?

Что заставило бы мое сердце петь сегодня?

Если я выберу это, что это создаст?

Создаст ли это ту жизнь, которую я хочу?

Почему я занимаюсь бизнесом?

Что бы я хотела выбрать и кем бы я хотела быть сегодня?

*Важно не прекращать задавать вопросы.
В любопытстве кроется причина для существования.*
АЛЬБЕРТ ЭЙНШТЕЙН

Каждый раз, когда я хочу что-то получить или создать, я всегда говорю: "Я не знаю как... Я просто знаю, что так и будет". Я использую эту фразу для всего. Если мне нужен кто-то для замещения должности в моей компании, или если мне нужно привлечь трех новых клиентов или больше денег, я могу добавить: "Все дается мне очень легко. Вселенная, покажи мне. Я благодарна и удовлетворена. Да будет так!" И у меня все и всегда получается!

Вы можете создать свои собственные подходы для использования методики маленьких шагов для улучшения вашего самочувствия или постижения радикальной ясности жизни. Вы можете просто сидеть на балконе и наслаждаться солнцем. Главное заключается в том, чтобы создать методику, которая работает для вас, и позволять ей меняться по мере того, как вы меняетесь. Используйте ежедневную практику контроля за вашим телом и воплощения в жизнь всего, на чем вы хотите сосредоточиться в этот день или создать что-то в будущем. Мы очень любим забывать обо всем, поэтому такая методика поможет каждый день не забывать о выборе, обязательстве, сотрудничестве и созидании. Каждое утро я в первую очередь выбираю себя. Я стараюсь делать это каждое утро, и Вселенная помогает мне и создает это для меня и с моей помощью. Только после этого я готова заниматься своей работой до конца дня. Я никогда не стану жертвой. Я осознанный творец, благодаря своей удивительной способности к переменам и телесному исцелению.

. . .

1. Целая Вселенная

Давайте начнем с того, что мы не обязаны все делать сами, и эта практика напоминает нам об этом. По крайней мере, она может уберечь вас от чрезмерного обдумывания или планирования. Чудеса действительно случаются, и да, иногда достаточно просто попросить. Почему бы не позволить Вселенную помочь вам?

Используя методику маленьких шагов, просто напишите, что вы хотите создать или о чем мечтаете, а затем положите листок в вашу коробочку с безграничной Вселенной. Я представляю, что внутри нее горит яркий огонь. Там происходит нечто невероятное, а вам нужно просто время от времени его помешивать. Я отдаю энергию своему желанию, зная, что оно сбудется, но я не читаю его и не обращаю на него внимания каждый день. Я не знаю, когда оно исполнится, но я знаю, что это произойдет.

1. Высвобождение энергии других людей

Посидите наедине с собой от пяти до пятнадцати минут и подумайте над следующими вопросами:

От каких убеждений вы готовы отказаться?

Какие суждения о вашем теле исчерпали себя?

Что из вашей личности не является вашей истинной сутью?

После этого извинитесь перед своим телом за то, что забираете энергию других людей и не прислушиваетесь к телу. Вы также можете написать письмо своему телу, а затем сжечь его или прочитать другу, который не осудит вас за это. Или прогуляйтесь по лесу и покричите во все горло, что вы больше не позволите другим людям завладевать вашим телом. Освободите ваше тело любым способом, который вам приятен. Просто сделайте шаг прямо сегодня. Прекратите идти на поводу у других людей, скажите: "Нет! Я умею говорить нет".

1. В поисках благодарности

Я люблю проявления благодарности. Самое простое — это сказать вашему партнеру, другу и даже знакомому три вещи, за которые вы благодарны. Это прекрасный способ завершить день, и, особенно с супругом или супругой, ведь именно такие слова могут связать вас друг с другом и с окружающим миром.

Другой ритуал заключается в том, чтобы признать и выразить благодарность за тот выбор, который вы сделали, когда находились внутри незримой клетки, которая сдерживала вас. Я начинаю с того, что делаю глубокий вдох и говорю своему телу "спасибо", позволяя ему дать мне осознание того, за что я благодарна. Вы должны понимать, что за сдерживающим поведением, трагедией, травмой, предательством, ограничениями или болью всегда скрывается дар, а вы можете напрямую обратиться к вашему телу:

Что во всем этом самое лучшее?

Каким даром я обладаю?

Что делает его таким ценным?

Что это мне дает?

Чему это меня учит?

Что я узнаю в этом процессе?

Затем вы должны признать, что с этим покончено и что вы уже сделали другой выбор. Поблагодарите ваше тело за осознанность и поблагодарите людей и других участников этих событий. Вам больше не нужно присутствовать в этой игре. Поэтому, уважайте свой опыт. Будьте благодарны, делайте маленькие шаги и двигайтесь дальше.

1. Дневник откровений вашего тела

В большинстве случаев ведение дневника касается только вас. Но в этом упражнении речь идет о вашем теле, так что позвольте вашему телу говорить за вас. Что бы сказало ваше тело? Именно это вы и хотите выяснить. Если вы будете записывать с точки зрения своего тела, то вместо того, чтобы писать: "Я ненавижу свое тело", пишите: "Мое тело ненавидит (заполните пробел)". Для начала вы можете написать: "Если бы мое тело могло говорить, оно бы сказало...", а затем просто дать ему высказать все, что оно думает.

Если бы мое тело могло говорить, оно бы сказало...

Я злюсь на тебя за то, что ты пичкаешь меня едой.

Я злюсь на тебя за то, что ты не даешь мне достаточно воды.

Я злюсь на тебя за то, что ты занимаешься сексом с человеком, который ужасно с тобой обращается.

Я злюсь на тебя за то, что ты продолжаешь поддерживать эти отношения, когда я уже много раз говорило тебе, что мне нехорошо рядом с этим человеком.

1. Перемещение энергии

Я с удивлением обнаружила, что когда у меня плохое настроение и меня одолевают сомнения, мое тело кажется более тяжелым, плотным и раздутым. Если у меня есть идея и я ее не решаю реализовать ее, мое тело раздувается. С другой стороны, если я принимаю какое-то решение, мое тело кажется более стройным и менее надутым. Не забывайте, что жир — это энергия, используемая против нас. Она сохраняет ваши ограничения и создает плотность и тяжесть в теле, которые настраивают ваш разум против тела. Несмотря на то, что каждое упражнение меняет вашу энергию, иногда ваше тело нуждается в физическом движении. Это может быть что угодно: от медитации при ходьбе до занятий йогой или простых тренировок. Главная задача заключается в том, чтобы осознать, что, как бы вы ни направляли энергию, внутренне или внешне, приход в настоящее способен привести к глубоким переменам. Дополнительным преимуществом станет и то, что вес вашего тела также часто меняется.

Когда вы начнете осознавать свое тело, ожидайте, что что-то изменится. Ожидайте именно то, что вы хотите изменить. Ожидайте, что ваши пристрастия в еде поменяются. Ожидайте, что то, во что вы себя вовлекаете, изменится. Ожидайте, что все изменится. Потому что в этом весь смысл. Вы меняетесь и меняете все вокруг. Именно поэтому примите решение отпустить все былое и измениться, и позвольте вашему телу изменить вас, даруя телесное исцеление.

УПРАЖНЕНИЯ

Одна из главных целей этой главы - предложить упражнения, которые вы можете интегрировать в жизнь и в ваше тело. Предлагаю вам небольшую стратегию реализации моих упражнений:

1. Создайте ваш собственный центр созидания. Это может быть ежедневное чтение вдохновляющих цитат или отрывков из книг, а затем запись их в дневник, чтобы очистить свой разум и переориентировать мышление.

2. Создайте свою собственную Вселенную. Вы можете называть ее любым подходящим для вас названием. Вы также можете украсить вашу Вселенную так, как захотите. Создайте небольшие карточки и пополняйте вашу Вселенную по мере того, как вы представляете себе то, что хотите воплотить в своей жизни. Это может быть новая работа, начало отношений, избавление от гнева по отношению к человеку в вашей жизни, и этот список можно продолжать бесконечно. Ваша личная Вселенная — это ваш личный канал, по которому вы можете делиться своими запросами со Вселенной.

3. Определите ощущения в своем теле, которые указывают на то, что вы принимаете на себя проблемы других людей или негативную энергию. Научитесь распознавать эти чувства и создайте ритуал, позволяющий вам избавиться от них. Если ваше тело напрягается и появляются случайные боли, ваш ритуал может

включать в себя уход в тихое место, закрытие глаз и повторение утверждения или мантры, чтобы напомнить себе, что вы не обязаны решать их проблемы. Глубокое дыхание и растяжка также могут быть частью вашего ритуала, ведь при сильном выдохе вы представляете, как негативная энергия покидает ваше тело.

4. Примите за правило ежедневную благодарность. Календарь, в котором на двух страницах расписана одна неделя, может стать отличным способом записать как минимум три вещи, за которые вы благодарны каждый день. Использование календаря поможет вам отслеживать выполнение этого процесса каждый день, к тому же вам будет полезно вернуться назад и перечитать ваши благодарности.

5. Ведите дневник, используя следующие слова: "Если бы мое тело могло говорить, оно бы сказало..." Такой подход к ведению дневника поможет вам восстановить связь с тем, что чувствует ваше тело, вместо того, чтобы игнорировать сообщения, которые оно пытается вам послать.

6. Применяйте физические нагрузки для высвобождения энергии. Это может быть прогулка на свежем воздухе, танцы в гостиной или даже удары по подушке. Разрешайте себе

каждый день избавляться от негатива, который накапливается в вашем теле.

7. Повторяйте эти три утверждения вслух несколько раз в день:

8. "Ты отлично поработало! Отличная работа, тело!"

9. "Мы просто великолепны!"

10. "Теперь мы будем ВЕЛИКОЛЕПНЫ ВДВОЕМ!"

КЛЮЧ К ИСЦЕЛЕНИЮ

Стоит начать с того, что каждое ТЕЛО уникально, поэтому, знакомясь с тем, чего просит наш собственный организм, мы высвобождаем нашего внутреннего целителя. Именно благодаря такому подходу на протяжении всей нашей повседневной жизни происходит регенерация клеток.

ГАЙ ХЕНДРИКС

Эрнест Холмс, лидер новой мысли и основатель религиоведения, написал в своей работе *"Наука о разуме"*, что "основное определение исцеления — это забота". Он утверждает, что "Пока жива хоть одна клетка, то есть, пока жив человек, клетки организма реагируют на заботу." Мы стали просто забывать о том, что и как нужно лечить и исцелять в каждом из нас. Тем не менее, если бы каждый из нас действительно понимал, что такое "забота", и применял бы это к себе, мы были бы намного ближе к истине исцеления.

У меня на столе есть растение. По сути, это единственное растение, которое мне когда-либо удавалось сохранить живым. В первый год, когда я посещала клуб анонимных алкоголиков, они сказали мне: "Купи растение и посмотри, сможешь ли ты сохранить хоть одно живым, а затем заведи щенка и отношения". Вы видите эту цепочку? Почему? Все дело в том, что вы учитесь быть самими собой. Вы впервые учитесь быть самими собой, без помощи лекарств, алкоголя, а также других "помощников". Вы начинаете с того, что устанавливаете отношения с растением. Вы должны окружить его вниманием. Вы должны поливать его водой. Вы должны подрезать его. Вы должны срезать опавшие листья. Когда вы употребляете алкоголь, наркотики или другие вещества, чтобы заглушить чувства, вы ни на что не обращаете внимания. Вы находитесь в совершенно другом мире. Вы погружаетесь в пучину безумия, решая одну проблему за другой.

Ухаживая за своим растением, я узнала, что существуют научные исследования, согласно которым, если разговаривать с растениями, они живут дольше. Я решила: *"Почему бы не поговорить со своим телом?"* Именно тогда я начала вести с ним беседы. Когда я была дома, я выключала музыку и просто была сама с собой. По дороге на работу в своей машине я представляла, что мое тело находится на сиденье рядом со мной, и говорила: "Как дела?" Эффект был ошеломляющим. Такой простой, но прямой вопрос начал разрушать прочность моего мира, который отделял меня от моего тела, не давая мне жить в мире с самой собой.

ПОДРУЖИТЬСЯ С САМИМ СОБОЙ

По сути, сила телесных перемен заключается в вашей любви к себе. Вы должны стать надежным другом самому себе, отстраниться от любой другой психо-энергетической реальности, которая говорит: "Только если у вас есть (сертификат, обучение, деньги, достижения, признание или вы принадлежите к этой группе), вас будут ценить". Не имеет значения, какие изменения вы созидаете в своей жизни, если за ними стоит желание кому-то что-то доказать. Пока ваши внутренние установки не изменятся, вы будете воплощать в себе энергию недостойности, даже не подозревая об этом. По сути, вы создаете физическую структуру внутри своего тела, которая постоянно шепчет вам: "Я этого не заслуживаю". И это именно то, что отразится на всех ваших взаимоотношениях. И ничто не изменит эту основополагающую реальность, что бы вы ни говорили или ни делали, никакое образование, тренинги или лицензии, никакие деньги, *ничто* не изменится, если вы не измените это фундаментальное представление о себе.

В определенный момент вы достигаете точки, когда вам необходимо проявить уважение к себе. То, как вы относитесь к себе, определяет то, как вы показываете себя миру, а также то, как он реагирует на вас. Во многих духовных текстах нас призывают любить других так же, как вы любите себя. Но насколько вам нравится текущая версия вас? Я прекрасно помню, как мой двоюродный брат Джонни, который выбрал трезвость на три года раньше меня, сказал мне (представьте себе его слова голосом Тони Сопрано): "Лиза, что бы ты ни делала, просто стань хорошей подругой самой себе. Вот и все". Тогда я просто не понимала, что это вообще значит. Я понятия не имела, как это сделать, поэтому начала с того, что просто задавала себе подобные вопросы обо всем, что я делала:

1. *То, что я делаю, значит быть хорошей подругой самой себе?*

2. *Если я съем это, стану ли я хорошей подругой самой себе?*

3. *Если я не хожу в спортзал, стану ли я хорошей подругой самой себе?*

4. *Если я общаюсь с этим человеком, стану ли я хорошей подругой самой себе?*

5. *Если я встречаюсь с этим человеком, стану ли я хорошей подругой самой себе?*

6. *Если я заведу щенка, стану ли я хорошей подругой самой себе?*

7. *Если я заведу растение, стану ли я хорошей подругой самой себе?*

8. *Действительно ли я хочу продолжать это делать? Разве это значит быть подругой самой себе?*

Нам так легко подумать: "*Ой, мне это нравится*". *Ой, и это мне нравится*". А спросите себя: "Нравлюсь ли я себе?" Здесь все сложнее. У меня не было для этого никакой опорной точки. Я зависела от мнения других людей обо мне, которые определяли мою ценность. Задавая себе такие вопросы, мгновение за мгновением, вы помогаете себе получить полное представление о себе. Вы можете взглянуть на это с той точки зрения, которая вам интересна. Если вы цените то, что нравитесь себе, даже если вы никогда себе не нравились, вы можете сделать выбор и понять, что все изменилось раз и навсегда.

На первых порах я рекомендую постоянно задавать вопросы обо всем, что вы делаете или обдумываете, даже на самом обыденном уровне. Например, я не готовлю. Я не хочу идти на кухню и готовить что-то для себя. Мне нравится, когда люди, которые любят готовить, заранее готовят для меня блюда, которые нравятся моему орга- низму, чтобы они лежали в холодильнике и ждали меня. Все, что я хочу сделать, это разогреть их. Раньше я не обращала на это внимания и ела все, что было под рукой. Я недостаточно заботилась о себе, чтобы дать своему телу то, в чем оно нуждалось, чтобы поддержать меня. Прием пищи был самым обыденным, и вскоре я обнаружила, что ем нездоровую пищу и не слежу за тем, как питаюсь.

Как только вы начнете добиваться успехов, вам станет яснее, чего именно вы хотите. Вы начнете понимать, что значит быть хорошим другом самому себе, а что - нет. Некоторое время назад у меня была личная помощница и личный повар, с которой было очень весело, но она любила выпить и часто забывала обо всем. Когда она что-то забывала, то становилась непоследовательной. Я понимала, что *мне знакомо такое поведение. Я знаю, из-за чего это происходит. Я действительно люблю этого человека. Нам так весело вместе, и мне нравится, как она готовит.* Поэтому я терпела все это до тех пор, пока это не стало для меня действительно невыносимым. Я поняла, что не была хорошим другом самой себе.

Я решилась на изменения и отпустила ее. Даже после этого у меня возникало искушение вернуть ее "всего на месяц или два, пока я не найду кого-нибудь". Но тогда я спрашивала себя: "А это впишется в твою дружбу с самой собой?" Я чувствовала прилив энергии в своем теле, и мне казалось: "Черт возьми, нет! Не возвращайся туда". Я использовала собственную осознанность, а мое тело подсказало мне, что именно нужно сделать. Конечно, мой разум возражал: "О Боже, я скучаю по ней", на что я отвечала: "Это только кажется, но нет, ты знаешь, чем это закончится, ты знаешь, что будет в итоге". Просто не делай этого. Просто двигайся дальше и используй методику маленьких шагов. *Я не знаю, как... Я просто знаю, что так и будет. Вселенная, покажи мне...*

Как начать любить себя

Когда я начала любить себя, я обнаружила, что тоска и эмоциональные страдания — это всего лишь предупреждающие знаки о том, что я живу вопреки своей собственной правде.

Сегодня, я знаю, это и есть моя ИСТИННАЯ СУТЬ.

Когда я начала любить себя, я поняла, как сильно это может кого-то обидеть.

Когда я пытаюсь навязать свои желания этому человеку, даже понимая, что время еще не настало, я вынуждена страдать, ведь я навязываю что-то новое самой себе.

Сегодня я называю это УВАЖЕНИЕМ.

Когда я начала любить себя, я перестала стремиться к другой жизни и увидела, что все, что меня окружало, побуждало меня расти.

Сегодня я называю это ЗРЕЛОСТЬЮ.

Когда я начала любить себя, я поняла, что при любых обстоятельствах я нахожусь в нужном месте в нужное время, и все происходит точно в нужный момент. Так что я могу быть спокойна за себя.

Сегодня я называю это УВЕРЕННОСТЬЮ в себе.

Когда я начала любить себя, я перестал красть свое

время и создавать грандиозные проекты на будущее. Сегодня я делаю только то, что приносит мне радость и счастье, то, что я люблю делать и что радует мое сердце, и я делаю это по-своему и в своем собственном ритме.

Сегодня я называю это ПРОСТОТОЙ.

Когда я начала любить себя, я освободилась от всего, что было вредным для моего здоровья, – от пищи, людей, вещей, ситуаций и всего того, что угнетало меня и отдаляло от моей истинной сущности.

Сначала я называла такое отношение здоровым эгоизмом.

Сегодня я знаю, что это ЛЮБОВЬ К СЕБЕ.

Когда я начала любить себя, я перестала пытаться всегда быть правой, и с тех пор я все реже ошибаюсь.

Сегодня я знаю, что это и есть СКРОМНОСТЬ.

Когда я начала любить себя, я отказалась продолжать жить прошлым и беспокоиться о будущем.

Сейчас я живу только настоящим моментом, в котором ВСЕ и происходит.

Сегодня я живу каждый день, день за днем, и я называю это САМОРЕАЛИЗАЦИЕЙ.

Когда я начала любить себя, я осознала, что мой разум может беспокоить меня и вызывать тошноту. Но когда я соединила его со своим сердцем, мой разум стал моим союзником.

Сегодня я называю эту связь МУДРОСТЬЮ СЕРДЦА.

Мне больше не нужно бояться споров, конфронтаций

или каких-либо проблем с самими собой или другими людьми.

Даже звезды сталкиваются, но после их столкновения рождаются новые миры.

Сегодня я знаю, ЧТО ЭТО ЖИЗНЬ!

(Это стихотворение приписывается Чарли Чаплину, но авторство не подтверждено).

Важно понимать, что наиболее глубокое возвращение к своей истинной сути происходит путем исцеления ваших отношений с самими собой и другими людьми. Чтобы сделать это, вы должны развить в себе способность различать, чтобы впоследствии определить, "что принадлежит мне" и "что принадлежит им", а также, что является внутренним для вас, а что - внешним. Мне потребовалось много времени, чтобы наладить отношения с матерью и восстановить эту часть себя. В детстве единственным, что я получала от нее, были побои и словесные оскорбления. А также ее ненависть и искусственная любовь.

Но дети всегда берут то, что им нужно. И мое выживание основывалось на том, что я получала любовь матери, которая называла меня "бедной Лизой", которая все делала неправильно и которую постоянно выгоняли из класса. Я давала ей то, что она хотела, чтобы привлечь к себе внимание, а внимание, которое я получала, воплощалось в затрещинах, ударах и побоях. Это все, что она могла мне дать. В тех обстоятельствах я была довольно сообразительным ребенком. Я понимала, что в то время это было единственным вариантом спасения.

Сострадание к самой себе - самый мощный целитель из всех.

ТЕОДОР ИСААК РУБИН

Сострадание к себе — это одна из форм любви к себе. Независимо от того, какие изменения вы созидаете, сколько у вас методик, хитростей или навыков (даже психологических), это не значит, что вы нравитесь себе. Но, в конце концов, именно это самое главное. Если у вас есть тихий голос, который постоянно говорит вам, что вы не любите и не цените себя, жизнь будет казаться вам борьбой. Вы становитесь энергией борьбы, даже не подозревая об этом. Вы живете в тяжелой физической структуре, называемой вашим телом.

Поначалу для того, чтобы задать себе вопрос: "Если я сделаю это, стану ли я хорошим другом самому себе?" потребуется усилие, чтобы вспомнить, потому что в вашем мозгу нет нужных нейронных связей. Кроме того, это может вызвать чувство дискомфорта или неловкости. Но в конце концов привычка возьмет верх, и вы начнете добиваться успехов. Вы начнете понимать, чего хотите и что значит быть хорошим другом самим себе. Данная тема интегрируется в вас и переходит к осознанию в вашем теле. Вам даже не придется спрашивать или думать об этом. Такая новая идея просто станет вашей новой жизнью.

Например, когда я работала над собой, я теряла лишний вес без диет и изнурительных упражнений. Я перестала испытывать тягу к еде, которая просто вредила мне. Я хотела тренироваться. Ваше тело сориентируется и скажет вам, что теперь все стало по-другому. Вы просто становитесь новой версией себя. Это трудно сделать сразу, потому что вам нужно постичь то, о чем вы даже не подозревали. Но как только вы осознаете, что для вас хорошо быть другом, который делает вас счастливыми, и делать выбор ради себя, вы начнете формировать умение доверять себе.

Когда вы будете жить с осознанием того, что любовь к себе лежит в основе вашей истинной сущности, вы никогда не будете одиноки.

УПРАЖНЕНИЕ

1. Начинайте каждое утро с вопроса: "Что я буду делать сегодня, чтобы стать хорошим другом самому себе?"

2. Когда вы сталкиваетесь с выбором или чувствуете неуверенность при принятии решения, спросите себя: "Если я сделаю это, стану ли я хорошим другом самому себе?"

3. Когда вы разговариваете сами с собой, спросите себя: "Разве так я бы разговаривал с другом, попавшим в беду?"

ЦЕЛОСТНОСТЬ

"Удивительное искусство познания внутреннего тела превратится в совершенно новый образ жизни, в состояние постоянной связи с вашей сутью и придаст вашей жизни глубину, о которой вы никогда раньше не знали".

ЭКХАРТ ТОЛЛЕ

Только представьте, что вы просыпаетесь и чувствуете заряд сил. Вы счастливы от того, что живы, и готовы принять мир новых возможностей, которые принес вам этот день. От начала и до конца ваш день наполнен выбором, основанным на ваших желаниях. И, исходя из этих желаний, все становится возможным, потому что вы воплощаете в себе эту возможность. Вы творец и настоящий магнит, притягивающий к себе все сущее. Людям нравится быть рядом с вами. Вы меняете энергию тех и того, что вас окружает, просто оставаясь самими собой. Ваши отношения строятся на чувстве единения и гармонии. Они веселые, непринужденные, радостные и взаимные. Ваше тело сияет здоровьем и источает радость. Вы переполнены энергией. Вы ощущаете особое сияние, которое исходит от вас. Ваши дела процветают, а ваши сотрудники поддерживают каждое ваше начинание на пути созидания. Ваша жизнь — это долгое приключение в мире радости и свободы. Смех и легкость наполняют каждую клеточку вашего тела. Вы поражены таким единением с самими собой. Люди спрашивают вас, что вы сделали, чтобы измениться, и вы отвечаете: "Я выбрал себя. Я посвятил себя самому себе. Я заручился поддержкой Вселенной и позволил ей помочь мне, и я создал то, что было возможно".

Именно такая жизнь ждет, когда вы выберете именно ее. Все ваши невзгоды и боль, ваши трагедии и травмы, все ваши страдания — это на самом деле возможность получить доступ к истинной осознанности вашей личности. Когда вы сможете исследовать свою реальность и избавиться от основополагающих убеждений, которые поддерживают вашу реальность, перед вами откроется совершенно новый мир с новыми способами продвижения вперед к тому, чего вы желаете. Внезапно то, что никогда не имело решения, обретает бесконечное множество решений. То, что всегда мучило вас, просто исчезает. Но это не значит, что оно может не вернуться, но оно не вернется в том же виде. И вы и ваше тело сами выбираете, что изменить и полностью посвятить себя методике маленьких шагов.

Что бы ни происходило в настоящем, это связано с вашим прошлым решением. Только вы можете избавиться от груза прошлого. Вы ключ к тому, чтобы открыть мир настоящего, чтобы вы могли двигаться дальше по своей жизни, жить полной жизнью, следуя по ней пружинистой походкой. И все начинается с познания вашего тела. Когда вы освобождаетесь от незримой клетки бессознательного "я", от бессознательных убеждений, то болезнь покидает ваше тело. Все клетки вашего тела становятся здоровее. Глубокие перемены могут в буквальном смысле изменить структуру вашего тела, даже ваши кости, потому что все ваши мысли и суждения о себе, которые были связаны с вашей клеточной структурой скелета, исчезают. То, о чем вы думаете, формирует ваше тело.

Вы источник телесного исцеления. Ваше тело — это дар, дающий возможность жить безгранично. Каждый день вы и ваше тело можете меняться, и для того, чтобы вызвать это изменение, вам нужно сделать один маленький шаг, чтобы начать беседу со своим телом. Пришло время признать ваше великолепие, а также отпечаток вашей души с уникальной духовной подписью. Ведь именно теперь вы можете попросить свое тело создать этот великолепие и красоту и соответствовать им.

. . .

У человеческой энергии и возможностей нет пределов. Единственный предел величия — это ваше желание сказать себе "нет".
ДЖЕЙМС ЛОУРЕНС,
"ЖЕЛЕЗНЫЙ КОВБОЙ"

Свобода — это набор и способ применения ваших убеждений. Как только вы обнаружите убеждения, удерживающие вас на месте, вы сможете освободиться. Тем не менее, для того, чтобы докопаться до истины, вам нужно выбирать, брать на себя обязательства, сотрудничать со Вселенной и творить. И вам не обязательно знать, как все делается с самого начала. *Я не знаю, как... Я просто знаю, что так и будет.* Доверяйте тому, что будет открываться по *мере* вашего продвижения вперед. В том, чтобы отпустить себя в свободное плавание и есть освобождение. Это называется *весельем* и интересным приключением в мир вашего тела.

Как только вы станете доверять себе, вы поймете, как жить дальше.
ГЕТЕ

. . .

Иногда самое трудное, что можно изменить, — это принять собственную радость. Принимайте все хорошее, что есть в вашем мире. Радуйтесь успехам. Не принимайте никаких проблем. Ощутите красоту отпечатка своей собственной души. Независимо от того, сколько работы вы выполняете, вы должны научиться жить так, как вы призваны жить. Больше никаких заплаток и закрытых глаз. Оставьте только истинную версию себя. Это может показаться странным. Вы можете чувствовать себя голым. Но вы также будете чувствовать себя очень хорошо. Кому-то из ваших друзей вы понравитесь, а кому-то нет. Люди могут уйти, а вам будет лучше от этого. По мере того, как вы будете все больше соответствовать отпечатку своей души, ваш мир будет отражать его в вас. Сначала мы ощущаем себя обособленными и видим свое тело отдельным, но на самом деле мы связаны со всем сущим, а наше тело поддерживает эту связь. Когда мы отказываемся от своих суждений, все начинает меняться. Мы начинаем ясно видеть вещи и действовать, привлекать к себе внимание и верить.

Нам не нужно создавать безусловное присутствие в своем теле, потому что мы уже здесь. Мы подобны солнцу, которое парит в бескрайних облаках. Мы должны просто перебираться с одного острова

созидания на другой, постигая себя и не давая себе отдыха в этом сложном процессе.
ДОКТОР ДЖОН УЭЛВУД

Ваша истинная сущность просто не может быть сломлена. Отпечаток нашей души и возможность радикальной ясности жизни заложены в каждом из нас, в самом нашем существе, но для их постижения требуется, чтобы мы обрели баланс энергии и сознания. Мы признаем такую возможность, но в то же время понимаем, что меняться нелегко. Такая сложная работа способна наполнить вас энергией и сделать более творческими, чем вы когда-либо могли себе представить. Когда вы находите нить, связывающую настоящее с прошлым, и меняете ее, и в процессе освобождаетесь от тирании давних бессознательных убеждений, вы становитесь настоящей и лучшей версией себя. Каждая частица энергии в вашем теле свободна. Именно так вы можете обрести полную свободу собственной жизни.

Именно так может произойти ваше телесное исцеление. Каждый день сотни, тысячи и миллионы людей делают маленький шажок. Такие шаги формируют вашу жизнь, ваше гармоничное и радикально живое тело. Такое исцеленное тело покажет вам самые тайные познания.

А теперь попробуйте вот такое упражнение: (чем больше вы будете это делать, тем сильнее будет ощущение присутствия в вашем теле)

Закройте глаза

Положите руку на вилочковую железу и лобковую кость

Дышите ртом, почувствуйте, что ваши ноги стоят на полу, спина откинута на спинку стула, а руки прижаты к телу

Развернитесь и ощутите четыре угла комнаты, в которой вы находитесь, чувствуя, как ваши ноги стоят на полу.

Постигайте все четыре уголка города, в котором вы находитесь.

Постигайте все четыре уголка региона, в котором вы находитесь.

Постигайте все четыре уголка страны, в которой вы находитесь.

Постигайте все четыре уголка света, представив, что наш мир ограничен четырьмя углами.

Постигайте все четыре уголка Вселенной, если вы сможете постичь их.

Посмотрите на ваше тело вновь

Попросите три молекулы выйти вперед и изменить полярность этих молекул на ту, которую вы хотите получить, прочитав эту книгу. Вы получили мощный заряд энергии. А теперь, отпустите его.

Теперь попросите три дополнительные молекулы выйти вперед и сбросить тяжесть того, что вы неосознанно ощущали каждый день. Вы получили мощный заряд энергии. Просто отпустите его.

Теперь попросите три дополнительные молекулы изменить полярность и поверните эти молекулы, чтобы обрести телесное исцеление. Вы получили мощный заряд энергии. А теперь, наслаждайтесь новой жизнью.

Повторяйте это упражнение так часто, как пожелает ваше тело.

Говорите вслух:

"Я изменилась!"

"Я знаю, что изменилась!"

"Я знаю, что изменилась и обрела ТЕЛЕСНОЕ ИСЦЕЛЕНИЕ!"

"Спасибо тебе, мое тело".

"Спасибо тебе, Вселенная".

"Спасибо и мне".

"Да, я СВОБОДНА".

Если сегодня никто не говорил вашему телу, что его любят, обожают, лелеют, оберегают, почитают и уважают, то *сейчас* самое время! Просто скажите себе!

Если сегодня *вам* никто не говорил, что *любит вас*, то знайте, что я люблю!

Я не знаю, как... Я просто знаю, что так и будет.

Я чувствую благодарность и наполненность! Да будет так!

А теперь не останавливайтесь на пути к лучшей версии себя!

Mi amor, любовь, которой ты делишься и которую даришь каждый день, делает возможным самые невероятные вещи. Моя любовь к тебе para siempre! Наши тела танцуют симфонию любви, обожания, заботы, уважения, почестей и бескрайнего счастья. Любовь, которую ты мне подарила, не поддается описанию, а наша связь выходит за рамки измерения, жизни и реальности. Для меня большая честь отправиться в это путешествие вместе с тобой. Ты, твои дети и семья - мои сокровища, поэтому вы наполняете меня такой радостью и счастьем от того, что я являюсь частью вашей жизни. Твоя любовь и подлинная доброта пробудили мое истинное сердце, разум, дух, душу и тело. Я благодарна, что каждый день божественный луч направлял тебя ко мне, а я подчинилась ему и сказала: "ДА!". Я никогда не пожалею о том, что поступила именно так.

PART II

ТЕЛЕСНОЕ ИСЦЕЛЕНИЕ: ЗАДАНИЯ ДЛЯ ВЫПОЛНЕНИЯ

ВСТУПЛЕНИЕ

Мы рады приветствовать вас на страницах рабочей тетради с заданиями по книге "ТЕЛЕСНОЕ ИСЦЕЛЕНИЕ". Данная книга станет вашим верным спутником в мир полного преображения и самопознания. Обратите внимание, что каждое упражнение было тщательно продумано для того, чтобы углубить вашу связь с вашим внутренним "Я, а также дать вам возможность преодолеть все преграды и выбрать свой уникальный путь в мир целостности и самопознания. Пожалуйста, уделите внимание каждому разделу, думайте на каждым вопросом и не забывайте, что эта рабочая тетрадь - ваш ключ к миру духовного роста и самопознания.

ОТКРОЙТЕ ИСТИННУЮ СУТЬ ВАШЕЙ ДУШИ

УПРАЖНЕНИЕ. РАЗМЫШЛЕНИЕ О ДУШЕ

Цель. Определить и четко сформулировать уникальный отпечаток вашей души.

ИНСТРУКЦИИ:

Подготовка:

Найдите спокойное место, где вас никто не потревожит. Присаживайтесь поудобнее, закрывайте глаза и сосредоточьтесь на своем дыхании. Глубоко вдохните, затем полностью выдохните, снимая напряжение с каждым вдохом.

Медитация:

Проведите 10 минут в медитации, сосредоточившись исключительно на вашем дыхании. Когда в вашей голове будут появляться мысли, осторожно возвращайте ваше внимание к дыханию. Позвольте своему разуму перенестись в те моменты вашей жизни, когда вы чувствовали себя по-настоящему живыми и ощущали связь с чем-то большим, чем ваш внутренний мир.

Размышление:

После медитации откройте глаза и поразмышляйте о тех моментах, которые пришли вам в голову. Запишите не менее трех воспоминаний, которые находят у вас отклик. Это могут быть моменты глубокой радости, умиротворения или единения.

Поиск связи с самим собой:

А теперь вам нужно понять, как каждое из таких воспоминаний соотносится с вашим самоощущением и целью в жизни. Что эти воспоминания раскрывают о вашей истинной природе и уникальном отпечатке вашей души?

Пространство для размышлений:

(Запишите ваши мысли и переживания в этом разделе)

2

ПОИСК ПРЕГРАД

УПРАЖНЕНИЕ. ЗАПИШИТЕ ПРЕПЯТСТВИЯ, КОТОРЫЕ МЕШАЮТ ВАМ

Цель. Распознать отвлекающие факторы и препятствия, мешающие вашему творчеству и развитию.

ИНСТРУКЦИИ:

Самостоятельная оценка:

Найдите минуту, чтобы подумать о том, что именно может вас сдерживать. Какие повторяющиеся мысли, убеждения или внешние факторы препятствуют вашему прогрессу или творческому самовыражению?

Перечислите препятствия в вашей жизни:

Составьте полный список препятствий, начиная с внутренних проблем, таких как осуждение самых себя или страх неудачи, и заканчивая внешним давлением, например нехваткой времени или ожиданиями общества.

Подумайте о мерах воздействия:

Для каждого препятствия напишите краткое описание того, как оно влияет на вашу жизнь. Подумайте, как они проявляются в вашей повседневной жизни, процессах принятия решений и взаимоотношениях.

План действий:

Выберите одно препятствие, на котором нужно сосредоточиться на этой неделе. Запишите конкретные шаги по преодолению или смягчению его влияния, например отказ от привычки, обращение за поддержкой или изменение вашего взгляда на жизнь.

Дополнительные действия:

В конце недели вернитесь к выбранному вами препятствию. Подумайте о достигнутом вами прогрессе и сделанных вами выводах.

Пространство для размышлений:

(Запишите ваши мысли и переживания в этом разделе)

3

ПРИСЛУШИВАЙТЕСЬ К МУДРОСТИ ВАШЕГО ТЕЛА

УПРАЖНЕНИЕ. ПРАКТИКА ОСОЗНАНИЯ ТЕЛА

Цель. Настроиться на сигналы вашего тела.

ИНСТРУКЦИИ:

Ежедневные упражнения:

Каждый день посвящайте 5 минут осознанию вашего тела. Выберите спокойное время утром или перед сном.

Сканирование тела:

Садитесь поудобнее, закрывайте глаза и медленно сканируйте ваше тело с головы до ног. Обращайте пристальное внимание на ощущения, стеснение или зоны расслабления, не осуждая себя за их присутствие.

Наблюдение и понимание:

Обратите внимание на любые области, вызывающие напряжение или дискомфорт. Что могут сказать такие ощущения о вашем эмоциональном или психическом состоянии? Ежедневно записывайте ваши наблюдения, отмечая закономерности или изменения с течением времени.

Подведение итогов:

В конце недели изучите ваши заметки. Подумайте о том, что именно хотело сказать ваше тело. Как такие ощущения соотносятся с вашими эмоциями, мыслями или переживаниями?

Пространство для размышлений:

(Запишите ваши мысли и переживания в этом разделе)

4

ПОИСК И ВОССТАНОВЛЕНИЕ СВЯЗИ

УПРАЖНЕНИЕ. МЕТОДИКА ROAR®

Цель. Используйте методику Roar® для снятия эмоциональных блокировок.

ИНСТРУКЦИИ:

Обретая личное пространство:

Найдите уединенное и безопасное место, где вы будете чувствовать себя раскованно и свободно, например, вашу спальню, тихое место на открытом воздухе или любое другое место, где вас никто не потревожит.

Сосредоточьтесь:

Встаньте прямо и делайте глубокие вдохи, ощущая себя в настоящем. Почувствуйте, что ваши ноги стоят на земле, а тело выпрямлено.

Методика Roar®:

Когда вы будете готовы, сделайте глубокий вдох и издайте громкий, мощный рык. Ваш рык — это выражение вашего разочарования, боли или эмоциональной блокировки. Используйте всю вашу силу, чтобы придать ему максимальную громкость.

Аффирмация:

После того, как вы выполните упражнение, сделайте глубокий вдох. Подумайте о том, что вы принимаете в себе: "Я принимаю свою силу" или "Я принимаю мир в своей жизни".

Размышление:

Запишите, какие ощущения вызвало у вас это упражнение. Какие эмоции всплыли на поверхность во время использования методики Roar®? Как аффирмация изменила вашу энергию? Подумайте о любых изменениях в вашем мышлении или эмоциональном состоянии.

Повторяйте по мере необходимости:

Вы можете возвращаться к этому упражнению каждый раз, когда вам понадобится высвободить эмоции.

Пространство для размышлений:

(Запишите ваши мысли и переживания в этом разделе)

Пространство для размышлений:

(Запишите ваши мысли и переживания в этом разделе)

5

ЕЖЕДНЕВНЫЕ УПРАЖНЕНИЯ ДЛЯ ВОССТАНОВЛЕНИЯ СВЯЗИ С САМИМИ СОБОЙ

УПРАЖНЕНИЕ. ЧЕТЫРЕ ПРОТИВОПОЛОЖНОСТИ

Цель. Ежедневные тренировки для восстановления связи с самими собой.

ИНСТРУКЦИИ:

Первая сторона:

Каждый день выбирайте одну из четырех задач, на которых следует сосредоточиться:

- Принятие. Принятие и любовь к вашей личности в том виде, в котором она существует.

- Изучение. Подумайте о ваших мыслях, чувствах и поведении.
- Воплощение. Воплощение ваших ценностей и истины в ваших повседневных действиях.
- Расширение. Выход за рамки ваших текущих ограничений и изучение новых возможностей.

Применение:

В течение дня сознательно применяйте выбранный подход к вашим мыслям, действиям и взаимодействию с людьми. Обратите внимание, как они влияют на ваш выбор и отношения с самими собой.

Ежедневные размышления:

В конце каждого дня записывайте ваши впечатления. Как внимание к выбранной теме повлияло на ваш рабочий день? Какие идеи или проблемы возникли у вас?

Подведение итогов недели:

В конце недели изучите ваши размышления и заметки. Обобщите ваши идеи и отметьте любые изменения во взгляде на жизнь или поведении. Как данное упражнение помогло вам восстановить связь с самими собой?

Вторая сторона (необязательно):

В качестве дополнения используйте четыре противоположности: ясность, смелость, целеустремленность и сострадание. Интегрируйте их в свою повседневную практику таким образом, чтобы они казались естественными и способствовали вашему росту.

Пространство для размышлений:

(Запишите ваши мысли и переживания в этом разделе)

6

ДРУЖБА С САМИМИ СОБОЙ

УПРАЖНЕНИЕ. ПИСЬМО РАДИ СОСТРАДАНИЯ К СЕБЕ

Цель. Поддержание и развитие любви к себе.

ИНСТРУКЦИИ:

Подготовьте обстановку:

Найдите тихое, уютное место, где вы сможете спокойно писать. Зажгите свечу, включите тихую музыку или создайте благоприятную обстановку.

Как писать письмо:

Напишите письмо самим себе, представляя, что вы обращаетесь к дорогому другу, переживающему трудные времена. Предложите слова ободрения, понимания и сострадания. Признайте трудности и выразите сочувствие к борьбе.

Позитивные аффирмации:

Добавьте их в свое письмо. Напомните себе о своих сильных сторонах, прошлых достижениях и достигнутом прогрессе. Мотивируйте себя продолжать идти вперед, даже если путь труден.

Чтение вслух:

Как только вы закончите, прочитайте письмо вслух. Обратите внимание на то, что вы чувствуете, когда слышите эти слова, обращенные к вам.

Сохраните письмо:

Положите его в доступное место, например, в журнал или на прикроватный столик. Возвращайтесь к нему всякий раз, когда вам понадобится напоминание о вашей стойкости и самоуважении.

Последующие действия:

Подумайте о том, чтобы периодически писать новые письма в трудные времена, чтобы укрепить отношения с самими собой.

Пространство для размышлений:

(Запишите ваши мысли и переживания в этом разделе)

ВОССОЕДИНЕНИЕ И ЦЕЛОСТНОСТЬ

УПРАЖНЕНИЕ. ВИЗУАЛИЗАЦИЯ ЦЕЛОСТНОСТИ

Цель. Визуализируйте ваш путь в мир целостности.

ИНСТРУКЦИИ:

Подготовка:

Найдите тихое место, где можно удобно сесть или лечь. Закройте глаза и сделайте глубокий вдох, чтобы расслабить свое тело и разум.

Управление визуализацией:

1. Подумайте о том времени, когда вы ощущали

собственную целостность. Это может быть конкретный момент или период в вашей жизни.

2. Представьте себе окружающую обстановку, людей и эмоции, связанные с тем временем. Сосредоточьтесь на деталях, которые заставили вас почувствовать связь и удовлетворенность.

3. А теперь представьте, что ваша нынешняя жизнь наполнена таким же чувством целостности и взаимосвязи. Представьте, как выглядит ваша повседневная жизнь, когда вы находитесь в балансе с собой.

4. Обратите внимание на эмоции, которые возникают, когда вы визуализируете ваше состояние баланса. Что вы чувствуете в момент осознания собственной цели и предназначения?

Запишите ваши переживания:

После визуализации запишите все, что вы пережили. Как для вас выглядит целостность? Как вы можете добавить ее в свою жизнь?

Меры воздействия:

Определите действенные шаги, чтобы приблизиться к вашему чувству целостности. Подумайте о небольших изменениях в вашем распорядке дня, способе мышления или более глубокой работе над личностным ростом.

Постоянные упражнения:

Регулярно возвращайтесь к визуализации, чтобы укрепить вашу связь с целостностью и восстановить баланс в самые трудные моменты.

Пространство для размышлений:

(Запишите ваши мысли и переживания в этом разделе)

ВЫВОДЫ

Мы поздравляем вас с завершением рабочей тетради по книге "Телесное исцеление". Вы добились значительных успехов в углублении своей связи с самими собой и осознании целостности вашего бытия. Не забывайте о том, что ваше путешествие продолжается, и каждый шаг, который вы делаете, приближает вас к новой версии себя.

Продолжайте использовать данные упражнения, обобщайте полученные знания и отмечайте достигнутый прогресс. Вы достойны тех перемен, к которым так сильно стремитесь. Продолжайте двигаться вперед, полагаясь на смелость, сострадание и открытое сердце.

Доктор Лиза Куней является обладателем докторской степени, лицензированным терапевтом по вопросам брака и семьи ведущим экспертом в области личностной трансформации и восстановления после травм, а также специализируется на душевной терапии, лайф-коучинге и духовной трансформации. Став автором уникальной программы "Live Your ROAR®", она смогла изменить жизни тысяч людей, помогая им преодолеть пережитое насилие, чтобы насладиться радикально-оргазмической ясностью жизни (ROAR®). В основе работы доктора Лизы лежит философия "У меня все получится, несмотря ни на что!" а также принципы самостоятельного выбора, стремления к росту, поддержки со стороны Вселенной и созидания жизни, о которой вы мечтаете.